1인의 몫을 해낼수 있길

응원합니다.

김마라

직장인 1인의 몫

지금보다 조금 더 나은
직장인이 되고 싶을 뿐이다

직장인
1인의
몫

김마라 지음

베가북스
VegaBooks

사내 연말평가 때면 종종 상급자에게 써내는 한마디가 있다.

‘1인의 몫을 모자람 없이 잘 해내려고 노력했다.
주어진 역할을 충분히 수행해낸 한 해였으면 한다.’

1인의 몫.

해야 할 일을 모자라게 해 남에게 폐를 끼치지도 않고, 그렇다
고 남의 일을 할 정도로 넘치게 일하지도 않은, 딱 알맞은 1인의 존
재만큼만 쓰이고 싶다. 그게 내가 쓰이고 싶은 정도이다.

하지만 그 1인의 존재만큼 쓰이기 위해서는 꽤나 많은 능력과

노력이 필요로 하다. 내 일을 제때 해결하기 위해서는 상사가 지시한 업무의 핵심을 빠르게 캐치해 내가 가진 업무들과의 우선순위를 비교 나열한 뒤 하나씩 헤쳐나가는 능력을 갖춰야 한다. 타인과의 커뮤니케이션을 원활하게 이뤄낼 줄 알면서도 내 의견을 일목요연하게 전달해 서로의 시간을 효율적으로 활용할 줄 알아야 한다. 또 수많은 보고서와 메신저, 메일과 같은 비대면 커뮤니케이션도 역시 매끄럽게 다룰 줄 알아야 한다.

회사 생활이란 것이 어디 그뿐인가, 온종일 모니터 앞에 앉아 키보드와 일하는 기분이겠지만 사람과 사람이 모여 일하는 곳이기에 인간관계도 신경 써야 한다. 이 모든 걸 '적당히' 해낼 줄 알아야 간신히 1인의 몫을 수행해낼 수 있게 된다.

한때는 누웠다가 일어나 아장아장 걷기만 해도 박수받던 시절이 있었다. 더 가까운 과거에는 한 과목만 잘해도 A+이라는 콧대 높은 점수를 하사 받아 어깨가 절로 으쓱해지기도 했다. 하지만 직장인이 되고서는 그렇게나 어려운 1인의 역할을 무려 매주 7일 중 5일 내내 장장 8시간 혹은 그보다 더 긴 시간에 걸쳐 해내도 연말의 모진 평가에서 벗어날까 말까다.

나의 경우 전작《실무에 바로 쓰는 일잘러의 보고서 작성법》을 통해 감히 '일잘러'라는 타이틀이 붙어도 봤지만 보고서 작성법이 아닌 오롯한 직장인으로서의 나를 돌아보면 10년 동안 일을 해오면서 어떤 해는 분수에 넘치게 좋은 평가를 받아보기도 하고 어떤 해는 그저 그런 성적을 받아보기도 했던 적당한 1인의 직장인이다. 해가 갈수록 그 적당한 1인의 몫을 해낸다는 게 참 어렵다는 걸 뼈저리게 느끼고 있다.

최고의 직장인이 되고 싶지도 않지만
최악의 직장인이 되고 싶지도 않은 나,

그저 지금보다
조금만 더 잘,
쓰이고 싶을 뿐이다.

PART 3   직장의 일

PART 4 새로운 시작

PART 5 면접, 어려운 언덕

PART 1

사회 초년생의
마음

INTRO 나의 첫 회사 생활은 눈 깜짝할 새 시작되었다. 대학교 졸업이 얼마 남지 않아 회사에 지원해야 하는데 회사라는 게 뭔지 몰라 자소서를 쓸 수가 없었다. 그래서 일단 회사란 곳을 경험해보겠다며 스타트업의 인턴십에 지원했다가 덜컥 붙어버리고 말았더랬다. 스타트업이라는 단어가 생소했던 시절이었고, 내가 입사한 회사는 전자상거래 서비스를 제공하는 커머스 스타트업이었다. 그렇게 얼떨결에 직장인이 되어버린 2월, 목에 걸린 사원증만으로도 이미 완벽한 직장인 줄 알았지만 이내 백지 같은 나의 머리와 함께 직장이라는 거대한 역경을 어떻게 헤쳐나가야 할지 눈앞이 캄캄해지고 말았다.

4년 차의
편지

전작 도서《실무에 바로 쓰는 일잘러의 보고서 작성법》을 출간한 지 얼마 되지 않았을 때의 일이다. 간혹 독자들에게 책이 실무에 도움됐다는 감사 이메일을 받기도 했는데, 처음으로 꽤 긴 고민 상담 글을 받았다.

그녀의 고민은 '4년 차는 어떻게 일해야 할까요? 일을 정말 잘하고 싶은데 제 자신이 너무 답답해요.'였다. 첫 직장에서 그녀는 줄곧 일을 잘한다고 평가받았고, 그 평가에 힘입어 더 좋은 조건으로 이직을 선택한 거라고 했다. 그런데 새로운 회사에서 본인이 기대한 만큼의 역할을 잘 해내고 있지 못한 것 같아 자신의 능력에 대한 자괴감에 빠져드는 중이라는 것이다. 그래서 당시 10년 차던 나에게 조언을 구하고 싶다고 했다. 나 역시 1인의 몫을 해내기 위해 허덕이는 직장인으로서 누군가에게 조언해줄 입장은 아니라고 생각했지만 4년 차 당시의 나를 떠올려보니 그녀의 고민을 그대로 넘길 순 없었다.

안녕하세요 OO님~ 김마라입니다. 이렇게 메일로 대화하게 되어 반갑습니다.

연차도 나이처럼 시간만 흐르면 주어지는 것이기 때문에 제가 감히 좋은 조언을 드릴 수 있을지 우려스럽기는 합니다만 너무나도 공감하는 마음에서 제 경험을 바탕으로 조심스레 말씀드려봅니다.

되돌아보면 4년이라는 연차는 가장 자신감이 넘치는 시기였어요. 어느 정도 일이 손에 잡히면서 신입의 딱지를 뗄 시기이고, 더군다나 한 회사에서 4년을 보냈다면 사람도 일도 너무나 익숙하기 때문에 그 익숙함은 자연스럽게 자신감으로 변하죠. 저의 경우에도 100명 남짓의 스타트업이었던 회사가 1,000여 명이 넘을 때까지 4년이라는 시간 동안 근속했으니 낯선 것이 없고 모를 게 없어서 늘 자신이 넘쳤던 것 같습니다. 그리고 5년 차에 낯선 회사로 이직했을 땐 그야말로 다른 세상이었어요. 어떤 말도 자신 있게 뱉을 수 없고 눈치만 보게 되면서 '내가 이 정도로 멍청했나, 이전 회사에서는 익숙함으로 일을 해냈고, 오랜 시간 함께 일하며 친해진 상사가 귀엽게 보고 넘겨준 걸 내가 진짜 일 잘하는 거로 착각했던 거구나.'라는 생각을 많이 했습니다.

OO님도 그럴 것 같아요. 전 직장에서 훌륭하게 일을 해낸 만큼 새로운 회사에서도 '이건 이렇게 해야 하고, 저건 저렇게 해야 해요.'라는 정답을 툭툭 내뱉는 멋진 직장인이 되어야 한다고 생각하기 때문에 스스로의 업무 능력에 실망하고 자괴감에 빠지는 거죠.

하지만 조금 더 시간을 보내본 결과 4년 차는 정말 좁은 우물만 경험해본 시기였구나 싶어요. 더 많은 역할을 하고, 더 많은 동료를 만나보고, 더 많은 회사에 다녀보면서 더 넓은 우물을 접해보면 '나 왜 이렇게 일 못하지?'라기 보다는 '나는 이건 잘해, 나는 이건 부족한 편이야.'라는 것을 하나씩 깨닫고 인정하게 되더라고요. 모든 걸 해낼 순 없어요.

4년 차는 기대하시는 것처럼 모든 걸 척척 해낼 수 있는 연차가 절대 아닙니다. 10년 차인 저도 척척 못해요. 매 순간이 어렵기 그지없습니다. 10년의 직장생활을 해보니 앞으로 15년 차, 20년 차가 되더라도 모든 일을 척척 해내기란 어렵겠구나 단언할 수 있을 것 같아요. 하지만 우리가 직장에서 해내면 되는 것은 딱 1인의 몫이잖아요. 1인의 몫조차 쉽지는 않은데 그보다 더하려 노력한다면 그건 욕심일 뿐일 거에요. 4년 차에는 아직 한참 배워야 한다는 몫도 포함된다는 것을 잊지 않으셨으면 좋겠습니다.

　　지금 실수하시는 것도 하나의 몫인 거에요. 지금의 실수들이 정말 좋은 경험으로 쌓여서 완벽하진 않지만 조금은 나은 5년 차, 10년 차 직장인으로 만들어 줄 거에요.

　　부족한 답변이지만 작은 위로와 힘이 되었으면 하는 바람입니다.

김마라 드림

완벽한 직장인은 아니지만

지금은 몇 년 차의 길을 걷고 있나요? 그 연차가 되었다면 어떻게 일을 해야 '정답'이라고 생각하는 모습이 있나요? 몇 년 차이건 실수 하나 없이 일을 해내는 완벽한 직장인의 모습을 떠올리기 쉽습니다.

우리 입장에서 답답한 것은, 연차마다 '반드시 이렇게 일을 해야 한다.'라고 정해진 답이 없다는 거예요. 3년 차, 5년 차, 10년 차쯤 되었을 땐, '이렇게 일을 해야 한다'는 체크리스트라도 있다면 하나씩 체크해 가는 맛이라도 있겠는데 그렇지가 않으니까요.

나중에 연차가 쌓이면 이상형에 가까운 직장인이 될 거라 생각하지만 참으로 어려운 이야기입니다. 끊임없이 낯선 환경과 낯선 업무를 마주하게 되죠.

그럴 때 제 몫을 해내는 사람이란, 실수하지 않는 것이 아니라
실수로부터 배우고 나아가는 사람일 겁니다.

회사가 각 연차에 기대하는 수준은 분명 존재하긴 합니다. 하지만 그 모습이 실수 하나 없는 완벽한 모습은 아닐 거예요. 설사 경영진이라 해도 그런 완벽한 직장인은 못 되니까요. 높은 연차에는 낮은 연차보다 '더' 책임감 있고, '더' 실수가 적고, '더' 시야가 넓고, '더' 나아진, '조금 더'의 모습이 요구된다면, 사회초년생에게는 학생 때보다 조금 더 나은 사회인의 모습을 바랄 겁니다. 그러니 어느 연차에 서 있건, 끊임없이 배울 필요가 있습니다. 조금 더 나은 내년의, 더 나은 연차의 직장인이 되기 위해서 말입니다.

저 역시 누구나 언제든 배워나간다고 생각하면서도 문득문득 완벽한 직장인의 모습을 꿈꾸곤 합니다. '이번 발표는 정말 멋있게 해내야지' '이번 보고서는 기막히게 써서 한 번에 통과해야지' 하고요.

하지만 저 역시 완벽할 순 없습니다. 다만 지난 직장생활을 돌이켜보면 아주 천천히, 느린 속도로 조금씩 나아졌다고 말할 수 있을 것 같아요. 팀장님들이 원하는 보고 스타일이 어떤지, 문서를 작성할 때는 어떻게 작성해야 상대방에게 조금 더 가독성 있게 다가갈 수 있는지, 협업할 때 어떤 커뮤니케이션을 주의해야 할지 등 그간의 실수와 경험을 통해 쌓아올린 것들을 되새기면서요.

몇 년차가 되었든 미래의 완벽한 모습을 상상하기보다 그간 쌓아올린 것들을 기억해서 결과물을 꺼낸다면 그 연차에 맞는 훌륭한 결과를 내리라 생각합니다. 다시 말해, 우리가 꿈꾸는 제대로 된 1인의 몫은,

완벽한 직장인을 가리키는 것이 아닙니다. 우리들의 1인의 몫은 차곡차곡, 전보다 조금 더 나은 직장인이 되는 것으로 충분합니다.

생각해볼 거리

Q. 내 연차에는 어떻게 일해야 한다고 생각했나요?

_____

_____

Q. 너무 완벽한 모습을 꿈꾸지는 않았나요?

_____

_____

Q. 작년에 비해 지금 나의 모습은 어떠한가요?

_____

_____

Q. 작년보다 조금은 더 나은 직장인이 된 것 같나요?

_____

_____

10년 후의
나

정확히 10년 전 봄, 작은 사무실 책상에 앉아 첫 번째 업무를 마주하며 첫 직장생활을 시작했다. 그때의 나는 주어진 업무를 향한 열정에 타올랐고, 그때 만약 누군가 10년 후의 내 모습이 어떨 것 같냐고 물었다면 분명 '커리어우먼'이라고 대답했을 것이다. 당시 내가 상상했던 커리어우먼은 쫙 빼입은 정장 차림을 하고, 출장 중의 택시 안에서도 주어진 업무를 해결하느라 어깨와 귀 사이에 휴대전화를 낀 채 정신없이 키보드를 두들겨대는 모습이었다.

만약 커리어우먼의 정의가 '일을 하는 여성'이라고 한다면, 10

년이 지난 지금 다행히도 나는 커리어우먼이다. 하지만 그때 떠올렸던 출장 중에도 바삐 업무를 보는 모습을 상상해보자면 온몸에 소름이 돋는다. (택시 안에서도 전화를 끼고 키보드를 쳐야 하는 상황이라면 업무량 과다이다.)

신입 때 가졌던 업무 열정이 사그라든 거냐고 묻는다면, 내가 맡은 일을 멋들어지게 해내겠다는 활활 타오르는 열정의 불꽃 대신 조직에 어우러지는 1인이 되겠다는 잔잔한 불꽃으로 그 형태가 바뀌었을 뿐이라고 하겠다.

화려한 업무 결과를 내서 어디 자리 하나 차지하고 싶고 촉망받는 대단한 사람이 되고 싶은 욕구가 아니다. 그저 내가 해낸 일이 팀과 회사에 기여하는 일임을, 내가 맡은 일을 열심히 해냈음을, 나는 엄연히 조직 내 쓸모가 있고 가치 있는 사람임을 인정받고 싶은 정도의 욕구다. 직장인의 연차가 늘어나고 경력이 더해지면서 초반에 가졌던 활활 타오르던 열정은 사그라질지라도 이 인정욕, 자신의 쓸모를 인정받기 위한 부단한 노력과 욕심은 결코 사그라지지 않는다.

자신에게 맡겨진 일을 잘 해내는 것과 조직에 쓸모 있는 사람이 되는 것은 어떤 차이가 있을까. 첫 직장에서 나의 첫 번째 미션

은 파트너사로부터 들어온 문의, 불만 등을 취합하여 사수에게 전달하는 일이었다. 나는 첫 미션부터 실력을 보여주겠다는 의지로 활활 타올라 메모장에 1번, 2번, 3번을 쓴 후 각 번호 옆에 내용을 차례대로 '잘' 나열해서 정리했다. 그런데 나의 결과물을 본 사수는 멈칫하더니 달래듯, 차분한 목소리로 말했다.

> "제가 서비스기획팀과 미팅할 때 해야 할 일은, 파트너사의 문의와 불만 등의 목록을 보여주면서 무엇을 빠르게 개선해줬으면 좋겠는지를 말해주는 거잖아요? 그럼 이렇게 나열만 한 내용이 아니라 어떤 내용이 가장 많았는지, 즉 어떤 것이 가장 빠르게 개선되어야 하는지를 한눈에 '잘' 정리해서 보여주면 미팅이 한결 수월하겠죠?"

나는 글을 다듬기만 했을 뿐이었다. (첫 회사의 첫 업무부터 어떻게 고려할 수 있겠냐마는.) 내가 맡은 이 일이 조직에서 어떤 목적으로, 누구에게 어떻게 사용될지는 고려하지 않았다.

일을 잘 해내기 위해서는 나 혼자 달린다고 해서 될 일이 아니다. 불타는 열정으로 내 눈앞의 업무를 해결하기 위해 갖은 스킬을 끌어올리는 것만으로 되는 일이 아니라 주변을 둘러봐야 한다. 조금 더 넓은 관점으로 조직을 살펴야 한다. 내게 주어진 업무가 과연 조직에서 어떤 의미를 가지는지, 내 주변 조직원은 어떤 역할을 맡았고 각자의 역할이 모여 우리 조직이 어떤 것을 향해 가고 있는지, 그저 코앞만을 볼 게 아니라 더 넓은 시야가 필요하다.

신입 시절부터 10년이 지난 지금까지도 여전히 사무실 의자에 앉아있는 내게 앞으로의 10년 후 내 모습이 어떨 것 같냐고 다시금 물어본다면, 커리어우먼이라는 답보다는 **'조직에서 제 몫을 해내는 사람'**이라고 답할 것 같다.

신입 시절, 사원증을 목에 걸고 눈을 동그랗게 뜬 채 어떤 업무를 주든, 불태울 기세였던 제가 아직도 눈에 그려집니다. 당시 온몸에서 내뿜었던 열정과 패기, 인정 욕구는 나 자신만을 향한 것이었죠. '일 잘하는 사람으로 빠르게 인정받을 테다.'하고 말입니다. 오롯이 내 능력 인정을 위해 이리저리 뛰어다니며, '나 잘했지?'라는 눈빛을 반짝반짝 보내곤 했죠. 그랬던 열정이 조직 내 좋은 일원이 되겠다는 잔잔한 인정 욕구로 바뀐 건 5년 차쯤이었습니다. 어쩌면 스타트업으로 이직을 한 상황에 놓였기 때문일 수도 있고, 어쩌면 연차가 높아져 조금은 넓은 시야를 가지게 된 걸 수도 있겠습니다.

　이직한 스타트업에서 오프라인 행사를 시작한 적이 있습니다. 모두가 아이티(IT) 업계에서 이직했기에 오프라인 행사에 대한 전문가가 아무도 없었어요. 저희 팀에게 맡겨진 일은 오프라인 행사를 안전하게 마칠 수 있도록 사전 준비하는 것이었습니다. 저 역시 팀장님에게 몇 가지 미션을 받았습니다. 그런데 맡겨진 업무를 하다 보니, 아무래도 파생되는 고민들이 생기는 겁니다. 만약 이럴 때는 어떻게 하지? 하고요. 제게 떨어진 업무만 잘 해낸다고 해서 팀의 목표인 '안전하게 사전 준비를 마치기'가 쉽지 않아 보였습니다. 주변을 둘러봐도 아무도 관련된 업무를 하지 않고 있는 겁니다. 하지만 저는 팀장님에게 성공적인 목표 달성을 위한 의견을 적극적으로 냈습니다. 덕분에 업무량은 늘었지만 팀의 미션 달성에는 더 안정적으로 도달할 수 있었습니다. 그제야 진정 조직 안에서 쓸모있는 역할을 해냈다는, 제 몫을 해냈다는 생각이 들더라고요.

간혹 1인의 몫을 해낸다는 것이, 자신에게 주어진 업무만 해내면 되는 것이라고 생각할 수도 있습니다. **하지만 1인의 몫을 해내기 위해서는 조금 더 넓은 시야가 필요합니다.** 내가 맡은 일만 잘하면 된다고 생각하는 것과 내가 이 일을 통해 충분히 팀에 기여하고 있는지를 생각하는 것은 같은 일을 하면서도 큰 차이를 만들어내기 때문이죠.

우리는 회사와 팀에 소속되어 한 가지 목표를 가지고 일하기 때문에 그 목표를 생각하지 않은 채 일을 할 수는 없습니다. 회사의 규모가 크다면 팀만을 고려해도 좋습니다. 내가 팀의 나아갈 방향에 충분히 기여하고 있는지, 조직에 어우러지는 1인인지를 고민해본 뒤 그렇다는 답변이 나온다면 그만큼 충분한 1인의 몫이 또 어디 있겠습니까?

생각해볼 거리

Q. 내가 맡은 일은 조직에서 어떤 의미를 가지고 있나요?

Q. 우리 팀의 각 조직원은 팀에서 어떤 역할을 해내고 있나요?

Q. 그게 모여 우리 조직은 어떤 것을 향해 가고 있나요?

Q. 나는 조직에 기여하고 있는 1인인가요?

당근과
채찍

    피드백을 두 가지 타입으로 나누자면 당근파와 채찍파가 있는데, 나의 경우 단연 당근파에 속한다. 상대방이 작은 칭찬이라도 던져주는 날에는 그 칭찬과 기대를 허물기 싫어 더욱 부단한 노력을 기울이게 되는 타입. 하지만 당근이 오랜 기간 제공되지 않는다면 내가 뭘 못하고 있나 하는 생각에 시무룩해지다 못해 업무에 흥미를 잃고 만다. 거기에 채찍이라도 왔다가는 업무 자존감은 땅으로 떨어진다. 내게 당근은 열망 그 자체였다. 한 번의 채찍이라도 맞으면 큰일이 날 것처럼 안절부절못하고 당근을 받기 위한 몸부림을 치며 일을 잘 해내려 안간힘을 썼다.

이직 후 새로운 리더를 접하게 되었을 때의 이야기이다. 입사 후 리더에게 장장 6개월이 넘어가는 시점까지도 단 한 번의 당근도 받지 못한 채 일을 해나가고 있는 탓에 도대체 내가 적절히 해내고 있는 건지, 아니면 정말 못해서 작은 당근조차 사치인 건지, 헷갈리기 시작했다. 업무 자신감은 바닥을 치다 못해 어디까지 떨어질 수 있을지 상상도 하기 어려운 상태였다.

보고서를 아무리 열심히 작성해도 당근의 '당' 한마디 없이 다음 미션만 연속해서 받아오기 바빠 일에 대한 무기력에 빠지던 참이었다. 그러던 중 다시 한 번 보고서 작성 업무가 떨어졌는데 그동안의 피드백을 통해 얻은 리더의 문서 스타일에 맞게 어디 한번 잘 써보자는 다짐으로 악에 받쳐 작성했다.

"잘 쓰셨는데, 6페이지에서….”

만족스러웠을까. 6개월 만에 처음으로 리더로부터 인정하는 말을 들었다. 물론 6페이지 이후 내용은 수정사항이었지만 처음으로 "잘 쓰셨는데"라는 말을 들은 거다. "데"라는 단어 앞의 "잘 쓰셨는"밖에 들리지 않았다. 그 부분만 몇 번을 읽었는지 모른다.

하지만 일상에서의 자존감도 그러하듯 업무 자존감 역시 상대의 피드백에만 의존해 좌지우지된다면 꽤나 피곤한 삶이 된다. 내

업무 자존감을 남에게 맡기는 꼴이 되기 때문이다. 그 피곤한 삶에서 벗어나기 위해서는 내 역할의 범위를 잘 알아야 한다. 1인분의 몫. 내가 팀에서 어떤 역할을 맡고 있고 어느 선까지 해내야 업무를 제대로 해낸 것인지, 스스로 인지하는 것이 중요하다. 내가 맡은 일로써 조직에 잘 기여를 해냈다면, 나머지는 다른 동료나 리더의 몫인 거다.

나의 몫을 충분히 알고 있고, 그 몫을 해냈다면 다른 사람이 주지 않더라도 스스로 당근을 건네야 한다. 사람은 타인에게 관심이 없기에 당근도 채찍도 줄 여력이 없을 때가 많다. 그러니 타인의 당근이나 채찍을 기다리며 자신의 능력을 의심했다가는 우리의 업무 자존감은 힘을 잃게 된다. **다른 사람의 피드백만 기다리지 말자. 자신에게 당근과 채찍을 주는 것 또한 내 몫이다.**

지금 생각하면 신입 시절 제가 지닌 업무 자존감은 종잇장보다 얇았습니다. 채찍을 받았기 때문에 무너진 것도 아니고, 그저 아무 피드백이 없다는 이유만으로 6개월을 바들바들 떨었으니까요. 업무 자존감이라는 단어를 떠올리게 된 것은 그 6개월의 인고의 세월이 끝난 후였습니다. '잘 했는데'라는 말 한마디에 안도하는 제 모습을 보면서 한심하단 생각이 들더군요. 저는 누가 뭐래도 그동안 제 몫을 잘해온 것이 분명하다고 확신했는데 말입니다. 그러자 어렴풋이 화도 났습니다. 그 화는 분명 나 자신을 향한 것이었어요.

　'아니, 왜 바들바들 떨었지? 왜 그렇게 확신이 없었지?' 하고요. 그제야 스스로 제 몫을 아는 것이 정말 중요하겠다는 생각이 들었습니다.

　한번은 어떤 문제점에 대해 몇 가지의 대안을 마련하라는 미션을 받았습니다. 고민 끝에 몇 가지 안을 준비해갔죠. 그리고 그 중 A 안이 가장 현실 타당할 것 같다는 제 생각도 덧붙여 보고를 마쳤습니다. 리더는 골똘히 생각하다가(사실 그때는 '골똘히' 보다는 '뚱하게'라고 생각했습니다.) A 안에서 어떤 부분을 약간 수정해서 실행하자고 하더군요. 평소의 저라면 '아, 칭찬 한마디 없이 또 빠꾸 먹었네.'라며 속상해했을 겁니다. 하지만 달리 생각해보기로 했어요.

'현재 내가 맡은 일을 해냄으로 조직에
충분히 기여하고 있는가?'

처음 미션을 받았을 때, 저는 수정도 피드백도 없는 완벽한 대안을 마련해야 한다고 생각했습니다. 심지어 리더의 몫인 최종 결정까지도 제 몫이라고 생각했습니다. 그렇게 해야 당근 같은 달콤한 칭찬을 받을 수 있을 것 같았어요. 하지만 다시 생각해보니 그건 제게 주어진 권한을 벗어나는 일이었습니다. 제 몫은 최종 판단이 아니라 조직에 충분히 기여하도록 맡은 일을 해내는 것이었습니다.

그 뒤로도 리더는 당근도, 채찍도 좀처럼 주지 않았습니다. 하지만 저는 스스로 1인의 몫을 잘 수행했는지 객관적으로 평가하고 난 뒤 곧잘 자신에게 당근을 건네기도 채찍을 건네기도 했습니다. 그렇게 제 몫을 분명히 되새기고 나니 업무 결과 제출에도 자신감이 생기더라고요. 결국 자신을 무너지게 하는 것도, 단단하게 만드는 것도 자기 자신이라고 생각합니다.

Q. 타인의 당근만을 기다리고 있지는 않나요?

Q. 스스로에게 당근을 건넨 적이 있나요?

신입은
늘 목마르다

부끄럽지만 누군가는 공감할 수 있는 나의 이야기를 하고자 한다. 나는 그간 다양한 기획업무를 해왔다. 처음에는 사업, 운영기획 업무를 시작했지만, 경력을 쌓으면서 서비스, 광고 기획으로 전환한 케이스다.

바야흐로 사업기획에서 처음으로 서비스 기획자라는 타이틀을 달고 일을 하게 된 때였는데, 기획자가 다 거기서 거기지. 뭐 그리 다르겠냐 하는 가벼운 마음이었더랬다. 어디서 나온 자신감인지 모르겠다. 그리고 그 자신감은 개발팀 디자이너와의 미팅 한 번

만에 와르르 깨지고 말았다. '햄버거 버튼' 그 한마디에 동공 지진이 일어나버린 거다.

나는 "상단에 직-직-직- 세 줄이 그어져 있는 거요."라고 설명했고 디자이너는 갸웃하더니 이내 곧 "햄버거 버튼 말씀하신 거예요?"라고 되받아쳤다. 잠시 얼음이 되었다. 아니, 직-직-직- 그어진 그림 하나에도 전문적인 이름이 있다니. 나의 무지가 깊다는 생각에 더이상 진도를 못 나갈 것만 같았다.

여기서 문제는 당시 나에게는 이 버튼들을 뭐라고 불러야 하는지 물어볼 사수도 없었고, 리더는 사수를 대체해줄 만큼 다정하지도 않았다는 사실! 제2, 3의 햄버거 버튼 사건이 충분히 벌어질 수 있겠다는 마음에 덜컥 겁이난 나는 곧바로 블라인드 앱을 통해 아이티(IT) 스터디 모임을 신청했다. 누군가 나의 사수 혹은 동료가 되어주어 햄버거 버튼 정도는 알려주길 바라며 말이다.

늘 아는 것은 적고 배워야 하는 것은 많다. 거기에 알려줄 사람이 없다면 그것만큼 진땀 나는 상황이 어디 있겠나. 게다가 정해진 환경에서 한 가지 일만 하는 것이 아니라면 새로운 환경으로 옮겼을 땐 신입의 입장이 계속 반복된다. 11년 차가 된 지금, 누군가가 보기에는 모든 것을 다 알 것만 같은 연차이지만 나는 다시 새로운

일을 시작했고 아는 일보다 모르는 일이 훨씬 많아진 환경에 다시금 놓였다. 다시 신입이 된 것이다. 또 얼마나 많은 햄버거 버튼 사건이 벌어질지는 안 봐도 비디오다.

신입은 늘 목마르다. 회사에서 누군가에게 더 배울 것은 없는지, 혹은 외부 강사로부터 찾을 순 없는지, 스터디나 책을 통해 갈증을 해소할 순 없는지, 늘 갈구한다. 그 갈증을 해소한다는 것은 결국 업무 자신감을 올리는 걸 의미한다. 회사 안의 누군가에게 용기를 내 질문한 끝에 답을 얻건, 외부 강사를 통해 지식을 얻건, 책을 통해 깨달음을 얻건, 어떤 방법이더라도 그것이 나에게 아주 작은 자신감의 알약으로 돌아오기만 한다면 된다. **자신감이라는 건 결국 작은 성취를 얻는 습관으로부터 큰 성취를 얻는 습관으로 번져나가기 때문이다.** 어떠한 수단으로든 자신감이라는 작은 알약을 찾아내면 조금 더 큰 성취를 얻는 시작이 시작될 수 있다.

나는 11년 차 신입으로서 회사 안 누군가에게 끈질기게 질문을 해 답을 얻어내기로 마음먹었다. 부끄럽지만 용기를 내서, 얼굴에 철판을 깔고 말이다. 여러분도 갈증 해소 알약을 찾아내 작은 성취의 습관을 맛보길 바란다.

자신감의 알약

생각해보면 새로운 환경과 새로운 업무를 맞게 되었을 때 늘 작은 자신감을 얻을 수 있는 방법을 찾아 헤맸던 것 같습니다.

3년 차, 어린 나이와 연차임에도 불구하고 작은 조직을 맡게 되었습니다. 조직관리란 어떻게 해야 하는 건지, 좋은 리더란 어떤 모습인지도 모른 채 무거운 짐을 어깨에 들쳐매고 어찌할 바를 몰랐죠. 그때 느꼈던 갈증을 해소하는 방법으로 선택한 것이 바로 책이었습니다. 리더십에 대한 책들을 읽어가며 조금 더 나은 리더가 되기 위한 작은 단서라도 발견하길 원했어요. 2시에 조직 회의가 있다면 점심시간에 휴게실로 올라가 책을 다섯 쪽이라도 읽고 회의에 참석할 정도로 간절히 책에 기댔습니다.

'그렇게 책의 도움을 받아 아주 훌륭한 리더가 되었다!' 라고 아름다운 결말을 말하고 싶지만 지금도 연락하는 옛 조직원의 피드백을 들어보면 조직원들을 위해 열정적으로 노력해 준 리더였다고 말해줍니다.

그 정도만으로도 고마울 따름이죠. 다시 되새겨보면 책이 열정의 원천쯤은 되어준 것 같습니다. 책을 읽고 내려가면 그래도 안 읽었을 때보다 조금은 좋은 리더십을 펼칠 수 있을 것 같다는 생각이 들었으니까요. 그렇게 한 권, 한 권씩 책을 완독할 때마다 갈증을 해소하는 작은 알약을 찾은 기분이 들었습니다. 하나씩 쌓인 작은 자신감은 실전을 겪으며 큰 자신감으로 번질 수 있었죠.

그다음 갈증을 느낀 건 앞에서 언급한 것처럼 서비스 기획을 하게 되면서였습니다. 그간 했던 업무와 전혀 다른 업무로 가득했고, 해낼 수 있으리란 자신감은 바닥을 쳤습니다. 무언가 작은 자신감을 불어넣을 알약이 필요했죠. 그래서 선택한 것이 IT 스터디 모임이었어요. 같은 IT 업계에서 유사한 업무를 하는 동료들을 만나며 아주 기초적인 질문도 쏟아붓고, 다른 사람의 발표를 통해 새로운 정보도 들었습니다. 내가 하는 고민을 남들도 동일하게 한다는 걸 알게 되었어요. 스터디를 통해 실무의 해답을 얻었다기보다는 나의 어딘가는 발전하고 있지 않을까 하는 작은 기대감 내지 자신감을 얻었다는 게 맞는 답변일 것 같습니다. 게다가 실무에서 '엇, 스터디에서 들어본 말인데.' 하는 경험이라도 할 때는 그 자신감이 배가 되었죠. 그렇게 작은 자신감의 알약을 찾아냈습니다.

그리고 지금, 11년 차가 되어 다시금 신입이 되었습니다. 새로운 환경 속에 새로운 업무를 부여받은, 온갖 것이 낯선 신입과 다름이 없는 모습이에요. 이번에도 막막함 속에 자신감을 얻을 수 있는 작은 알약을 찾아야 할 텐데요, 고민 끝에 그 해답을 얼굴에 철판을 깐 질문 공세로 하기로 했습니다. 11년 차임에도 모르는 걸 부끄러워하지 않고 말이죠.

부끄러울 일이 아니라고 생각했습니다. 오히려 잘못된 결과를 초래하는 것이 훨씬 부끄러운 일이 될 수 있으니 애초에 '제가 잘 몰라서 그러는데요….'라는 말로 누구든 붙잡고 질문을 하기로 했죠. 질문이야말로 신입이 가장 **빠르게 배울 수 있는 방법** 아니겠어요? 그렇게 업무를 조금씩 습득해서 작은 자신감을 얻고 나면 점점 더 큰 자신감으로 빠르게 발전하리라는 걸 알고 있습니다.

📝 생각해볼 거리

Q. 현재 업무에서 갈증을 느끼는 부분이 있나요?

Q. 갈증을 어떻게 해소하고 자신감을 얻는 방법은 무엇이 있을까요?

PART 2

직장의 관계

INTRO　회사를 다닐 때 일, 연봉, 사람 세 가지를 생각해야 한다고들 한다. 그리고 이 세 가지가 모두 충족되기는 힘들기 때문에 우선순위를 매겨 1, 2위가 충족된다면 만족해야 한다고도 한다. 나의 경우 사람이라는 요소가 늘 부동의 1위를 차지하고 있다. 직장 내 사람과의 관계라는 것이 때론 회사를 다니게 하는 버팀목이 되기도 하고, 때론 당장 때려치울 이유가 되기도 하기 때문이다.

태도는
옮는다

지금 생각하면 참 운이 좋았다. 첫 직장에서 만난 나의 첫 리더는 정말 좋은 분이었으니까. 그게 직장인으로서의 나에게 얼마나 큰 영향을 미쳤는지 모른다. 물론 가끔은 어렵고 또 때로는 무섭기도 했지만, 배울 점 많고 열정적인 선배 직장인이었다.

한번은 리더와 함께 다른 본부 리더들과 협업해 전사 마케팅을 준비하는 프로젝트에 참여하게 되었는데, 일이 어렵기도 했지만 무엇보다 타 본부 리더들의 업무 스타일이 우리와 참 맞지 않았다. 빠르게 결단을 내려 일을 진척시켰으면 하는 바람과 달리, 매번 '생각해보자'로 끝나는 회의의 연속이었기 때문이다. 그렇게 시간이 흐를수록 지치기만 하는 그 프로젝트에서 그만 벗어나고 싶었고 매번 회의가 끝나면 죽상이 되어 자리로 돌아오는 내 얼굴을 보며 리더가 말했다.

"프로젝트 잘 안 돌아가서 힘들지? 그래도 마라야, 우리가 나중에 사업할 것도 아니고, 언제 이렇게 큰 회사의 한 부분을 만들어보겠니! 너무 신나는 일 아니니?"

리더는 진심으로 신나는 얼굴을 하며 어깨를 들썩였다. 태도는 옮는다는 말이 맞다. 그리고 그게 리더의 태도일수록 더 빠르게 옮는다. 리더의 말을 되새기며 '내가 언제 이런 일을 해보겠나.'라는 생각을 하니 프로젝트에 대한 고통이 가벼워졌다.

이제는 더이상 그 리더와 일을 하지 않고 다른 회사에 와 있지만, 여전히 업무에 고통스러울 땐 그녀의 말을 떠올린다. 모두가 그렇다. 우리는 모두 한 회사에 영향을 미치는 일을 하고 있다. 나중에 사업을 할 거라면 좋은 밑거름이 될 테고, 사업을 하지 않을 거라면 절대 해볼 수 없는 값진 경험을 하는 중이다.

좋은 리더의 태도가 당신에게도 옮기를 바란다.

긍정과 부정

주변 사람들의 태도나 말 한마디가 내 생각에 끼치는 영향력이란 생각보다 거대합니다. 친구를 잘 사귀라던 엄마의 말이 아직까지도 맞는가 봅니다. 긍정적인 영향을 주는 사람이 곁에 있다면 그만큼 행운인 일이 또 있을까요. 반대로 부정적인 영향을 주는 데다, 그게 피할 수 없이 가까운 리더나 동료라면 귀를 닫고 눈을 감고 싶죠.

하지만 남의 이야기만 할 순 없습니다. 나 자신의 태도도 생각해볼 필요가 있습니다. 생각해보면 저 역시 남에게 안 좋은 태도를 많이 전하고 있는지도 모르잖아요? 회사 이야기를 하면 괜히 투정부터 하게 되니까요. 부끄러운 이야기지만 요즘 회사는 어때? 라는 안부 인사를 들었을 때 "괜찮아, 즐겁게 다니고 있어."라고 답변한 기억이 없어요. "아휴 똑같지 뭐."나 "별일 없이 잘 다니고 있어."라는 말 정도 될까요.

회사 안에서도 마찬가지입니다. 한번은 정말 빡빡하게 돌아가는 프로젝트 부서에 참여를 한 적이 있습니다. 야근에 야근이 이어진 나머지, 에너지를 모두 소진했음은 물론이고 이젠 프로젝트 부서의 업무를 높은 완성도로 완수하자는 목적마저 상실하기 직전이었죠. 그날도 역시나 야근이 시작되려던 저녁 7시쯤이었고, 동료가 의자를 돌려 제게 이런저런 요구사항을 차근차근 전달하던 참이었습니다. 모두 제가 해야 할 일들이 분명했죠.

"아… 네… 해야죠….” 말만 하겠다고 했지 누가 봐도 할 의지 따윈 없다는 걸로 해석될만한 목소리로 말을 하며 눈을 비벼댔습니다. 그런 제 태도에도 천사 같은 동료는 "많이 피곤하시죠?"라며 걱정해주는데 정신이 번쩍 들더라고요. 내가 지금 업무에서 어떤 태도를 보인 거지, 하고요. 만약 제가 계속해서 부정적인 태도로 일관했다면 저뿐만 아니라 동료와 팀에게 부정적인 영향을 끼쳤을 겁니다.

여러분 주변에도 긍정적인 태도보다는 부정적인 태도가 훨씬 많을 겁니다. 하지만 우리, 부정적인 태도를 굳이 흡수하지는 말자고요. 또, 부정적인 태도를 뿜는 사람이 되지 않도록 해봅시다. 태도란 반드시 누군가에게 옮기게 되니까요.

Q. 직장에서 나의 태도는 어떤가요?

_____

_____

_____

Q. 나에게 영향을 주는 주변인이 있나요?

_____

_____

_____

Q. 그 사람에게 흡수할 만한 태도가 있나요?

_____

_____

_____

동료와의
적당한 관계

2017년, 세 번째 회사로 이직했을 때다. 내 나이 서른. 그해 나보다 나이가 어린 동료에게 "저도 마라 님 같은 직장인이 되고 싶어요!"라고 만렙 직장인 대접을 받고 말았다. 누군가가 기준으로 삼고 싶은 직장인이 되다니. 꿈이 소박하다 못해 초라한 거 아닌가 싶어 "왜요?"하고 물으니 회사 사람들과 친해지려 노력하지 않고 적당한 관계를 유지한다는 게 그 이유였다.

"전에…저도 사실 간식 먹으러 가기 싫었는데, 무리에 끼지 못할까 봐 거절 못 했어요. 그런데 마라 님은 '괜찮으니까 다녀오세요'라고 하더라고요!"

닮고 싶은 직장인인 이유가 간식 타임을 거절하는 단호함 때문이라니. 그때의 내가 멋있어 보여서 여기저기 이야기까지 했다는 말에 크게 웃고 말았다.

사실 처음부터 동료와 적당한 관계를 지킨 건 아니었다. 전 직장에서 인생의 고민을 나눌 수 있을 만큼 깊은 사이가 된 친구들을 만났으니 회사 동료란 모두 친구가 되는 줄로 알았다. 그래서인지, 마음이 맞는 동료와 관계를 빠르게 진전시키기 위해 억지를 쓴 적도 있다.

입사 후 유독 정이 가던 A는 친절하고 어른스러워 남들보다 의지가 되던 동료였다. 한번은 개인 메신저를 통해 업무 대화를 하다 그녀와 빠르게 가까운 관계가 되고 싶은 마음에 조직에 대한 솔직한 심정을 토로했다. 조직에 전반적으로 경직된 분위기가 형성된 것 같아 아쉽고 팀 리더와의 커뮤니케이션도 참 어렵다고. 그녀는 기존 멤버들에게도 그러한 분위기가 만연하니 혼자 어려워할 필요가 없다며 공감해주었다. 나는 그녀의 조언에 안심이 됐다. 나만 어렵게 생각했던 것이 아니었구나, 다들 힘들어하고 있구나.
그 무엇보다 그녀와 비밀을 공유한 것이 더욱 긴밀한 관계를

만들어 준 것 같다는 생각으로 번졌다.

하지만 다음날, 업무 단체 톡방에서 끔찍한 일이 벌어지고 말았다. 업무 얘기를 하고 있던 순간 갑자기 익숙한 대화창이 우수수 올라오는데 내 이름 석 자가 크게 박힌 대화창이었다. 그녀와 어제 개인 대화창에서 나누었던 고민 상담 대화 내용이 캡처되어 그대로 올라오는 게 아닌가. 상황 판단을 하는데 한참이 걸렸고 상황이 이해되는 순간 그녀에게 서둘러 연락했다. 톡방을 잘못 찾은 것 같다고, 당장 메시지를 삭제해달라고. 그녀는 무척이나 당황하며 메시지를 삭제했지만 이미 단체 톡방의 모두가 읽은 후였다.

그녀의 사과도 귀에 들어오지 않았고 본래 누구에게 메시지를 전달하려고 했었는지도 궁금하지 않았다. 그녀와 가까워지려는 마음에 억지로 비밀을 공유하려 했던 나 자신이 어리석게 느껴졌을 뿐이다.

가장 친한 친구와 술잔을 기울이며 '우리가 언제부터 이렇게 친해졌지?'라는 이야기를 시작하면 가물가물한 것처럼, 직장에서도 알 수 없는 계기로 마음 맞는 동료와 더 가까운 관계가 되기도 한다. 모든 건 자연스럽게 이뤄진다.

억지를 부려 가까워지려 할수록 어색한 관계가 되기 마련이고, 적당히 거리를 유지한 채 서로 신뢰를 쌓아가면 자연스럽게 가까워지기 마련이다.

관계를 위한 역할

중학교 다닐 즈음에도 이런 일이 있었던 것 같습니다. 무리에 끼지 못하면 어쩌지 싶은 불안감에 고군분투를 했죠. 그땐 참 어리석게도 나 자신을 낮추고 모든 걸 친구에게 맞추면서 억지로 그 무리에 붙어 있으려 노력했던 기억이 납니다. 억지스러운 관계이니 역시나 오래가지 못했어요. 그렇게 혼자가 될 것만 같은 불안감에 휩싸였지만 자연스레 나와 비슷한 친구들과 만나게 되더라고요.

전 직장에서도 자연스럽게 나와 비슷한 동료들을 만났습니다. 학창 시절에서 만난 친구들은 깊이가 다르다는 말이 무색할 정도로 직장에서 만난 동료들은 모든 걸 나눌 수 있는 친구들이죠. 동료들과 어떻게 친해졌는지를 곰곰이 생각해보면 서로를 향한 존경에서부터 시작했던 것 같아요. 나와 같은 분야 혹은 다른 분야에서 서로가 맡은 역할을 충실히 했을 때의 존경, 거기부터였던 것 같습니다.

매일 같이 간식을 먹으러 가고, 점심을 꼭 함께하고, 상사의 험담을 함께 할 정도로 속을 터놓는 멤버가 되려고 노력하며 톡방의 대화에 신경을 쓰기보다는 서로의 역할을 다했을 때 자연스럽게 공통사가 늘어나고 서로의 역할을 존중하게 되지요. 그러니 동료와의 관계의 기본은 제 몫을 해내는 것이라고 생각합니다.

특히 새롭게 회사에 입사했을 때는 더욱 마음이 조급해질 수밖에 없죠. '적응 기간'이라는 건 혼자가 될까 봐 눈치 보는 기간을 일컫는 것일지도 모르겠습니다. 하지만 동료와의 관계에는 억지를 쓰지 않겠다는 결단, 혹은 용기가 필요합니다. 회사란 곳은 의외로 일이나 돈보다도 사람으로 하여금 쉽게 힘들어지기 때문이에요. 어색하게 무리의 일원이 되려 애쓰기보다 10시부터 7시, 내 몫을 채워 동료에게 손해를 끼치지 않는 것으로 동료와의 관계는 충분히 하기로 해요.

📝 생각해볼 거리

Q. 직장 동료와 관계는 어떤가요?

Q. 조급한 마음에 무리해서 관계에 과한 에너지를 쏟고 있지는 않나요?

내가 증오했던
그 시절의 상사

사람, 한 번 보면 안다고. '척'하면 '착'하고 감히 그렇게 생각했다.

10년을 꽉 채운 직장생활 중 가장 최악의 상사를 꼽으라면 단박에 꼽히는 한 사람, 그녀를 만나게 된 건 부서 이동을 하게 되면서였다. 기존에 몸담았던 팀의 역할이 바뀌게 되어 갈 길을 잃었을 때, 유독 날 좋게 봐줬던 옆 팀 팀장님이 "그 팀에서 하는 일이 너에게 참 잘 맞을 것 같다. 마침 자리가 있다고 하니 만나보라" 며 소매를 걷어부치고 팀의 팀장인 그녀와 나의 연결고리를 만들어

준 것이다.

처음 만난 그녀에게서 받은 느낌은 '참 꼼꼼하구나'였다. 나의 지난 경력을 말하는 내내 "잠시만요" 하고 내 말을 멈추게 한 뒤 경력 기술서를 꼼꼼하게 들여다본다거나, 단어를 잘못 말하면 "네?" 하며 정정하고 넘어갔다. 그녀의 첫인상이 썩 좋은 편이라고 말하기는 어렵지만 그렇다고 싸하게 다가오지도 않았다. 아직 수련이 부족했던 게다.

위화감을 느꼈을 때는 안타깝게도 부서 이동이 확정되어 그 팀에 있는 팀원들을 다 같이 만나는 자리에서였다. 팀장은 본격적으로 이동하기 전 먼저 팀원들과 만나는 격식 없는 자리를 만들겠다며 카페에 모두를 불러냈고, 팀원들은 하나같이 경직된 얼굴로 걸어왔다. 애써 건네는 인사말에도 꽤 긴 거리감이 느껴졌다. 왜지? 일이 바쁜가? 지쳤나? 그냥 원래 성격이 내성적이신가? 눈치를 살폈다. 그리고 첫날의 분위기로부터 느껴진 '혹시나'가 '역시나'로 바뀌는 데는 그리 오랜 시간이 걸리지 않았다.

그녀는 질문을 허용하지 않았다. 일에 대해 모를 수도 있고, 듣지 못했을 수도 있고, 들었어도 이해가 되지 않았을 수 있고, 이해했어도 납득이 되지 않았을 수도 있다. 동료나 리더에게 크고 작은 질문을 하게 되는 경우는 수없이 발생한다. 하지만 그녀는 그걸 용

납하지 않았다. 일에 대해 몰라서 질문하는 거라면 모른다며 화를 냈고, 듣지 못해서 질문하는 거라면 더 화를 냈다.

처음엔 꿋꿋이 질문했다. 부서 이동을 하고 모르는 것이 너무 많았기에, 그녀는 나의 리더기에.

"팀장님 혹시, 이 부분은 이렇게 적으면 되는 게 맞을까요?"
"……가이드, 안보셨어요?"

그녀의 대답은 늘 이런 식이었다. 질문을 하면 잠시 분노를 삭이는 듯한 시간의 차를 두고 가이드를 안 봤는지, 아까 못 들었는지, 지난번에 하지 않았는지 등, 질문에 대한 답이 아닌 재질문을 하는 거다. 아니, 봤는데요, 하고 다시 대답하려고 하니 저 뒤에 보이는 팀원이 눈으로 찡긋 신호를 보낸다. 더 말을 섞으면 위험하다는 뜻이다.

한번은 지표를 추출해서 가공 후 정해진 시트에 담는 업무를 해야 했는데, 아무리 생각해도 이 지표를 보는 사람이 없는 것 같았다. 업무에 들이는 정성에 비해 그 목적이 이해되지 않아 팀원에게 "이 지표는 무엇을 위해 이렇게 쌓아 놓는 거예요?"라고 묻자 "저희도 아무도 몰라요, 그냥 하는 거예요. 왜 이렇게 하는 거냐고 물어보면 또 난리가 나니까 안 물어봐요."라고 했다.

이때 나는 깨달았다. 조직이 빠르게 병들게 만들고 싶으면, 질문에 야박하면 된다는 것을!

비단 질문뿐이 아니었다. 모든 팀원이 팀장과 대화하기를 거부하고 있었다. 그녀와 대화를 시작했다간 그녀가 어떤 말꼬리를 잡고 늘어질지 모르기 때문이었다. 그녀는 내, 외부 사람 가릴 것 없이 대화 속에서 약점을 잡아 상대보다 우위에 있기를 좋아했다. 유관부서의 말꼬리를 잡고 늘어지며 험담하는 모습을 여러 차례 봤던 데다 대화를 할 때마다 "네? 잠시만요." 하고 나오는 말꼬리 잡기 스킬에 모두 질색했다.

오전 10시에서 오후 7시, 사무실에 앉은 시간 동안 팀원들 간에 얼굴을 마주한 적이 없었다. 팀 회의를 해도 시선은 각자 다른 곳을 향해 있었고 서로를 향하는 법이 없었다. 모두가 우스갯소리는 물론 일 얘기조차 괜한 소리 한마디 나오지 않도록 하려고 애썼다.

사무실 책상 밖에서도 피곤한 일은 여전히 계속됐다. 아이러니하게도 그녀는 팀원들이 본인을 아이처럼 1번으로 다뤄주길 원했다. 예를 들어 식당에 함께 가서 수저를 첫 번째로 그녀 앞에 두지 않았다거나, 본인에게 최종적으로 확인하지 않고 공통메뉴를 정했다거나 하는 사소한 일에도 섭섭함을 토로하거나 갑작스럽게 짜증을 내 분위기를 싸늘하게 만들었다. 사무실 안뿐만 아니라 밖에서도 그녀가 행여나 어떤 작은 포인트에서 짜증을 내진 않을까 늘 긴장해야만 했다.

밝은 웃음으로 기대감을 품고 조직에 합류했지만 시간이 지날 수록 웃음을 잃었다. 몇 개월 만에 나 역시 카페에서 처음 만났던 팀원들의 모습처럼 변하고 만 것이다. 조직은 가면 갈수록 건조해 지기만 했고 그녀는 그 분위기가 또 불만이라 짜증을 냈다. 분위기를 띄우라는 것이다. 어떻게 해야 마음을 움직일 수 있는지 좀처럼 알지 못하는 사람이었다.

다행히 그녀와 헤어지게 된 것은 그로부터 얼마 지나지 않아서였다. 내외부에서 인성과 능력에 대해 말 많던 그녀는 팀장직을 내려놓게 되었고 조직은 다른 팀과 통합하게 되었다. 부서 이동을 한지 7개월 만에 벌어진 일이었다. 하지만 그 짧은 기간에 그녀가 나에게 미친 영향이 얼마나 컸는지, 그 이후로 만난 리더들에게 크고 작은 질문을 하는 일이 그렇게 어려웠다. 질문하면 짜증을 내진 않을까, 짜증 내지 않을 걸 알면서도 질문하기 전에 몇 번이고 망설이고, 질문한 뒤에는 행여나 한숨을 쉬지는 않을지 눈치를 살폈다.

그 뒤 다른 회사에서 면접을 보게 되었을 때, 앞으로 나의 리더가 될 면접관은 면접 마지막에 질문이 있느냐고 물었다. 내가 궁금한 것은 한가지였다.

"리더님이 생각하시는 건강한 조직은 어떤 모습인가요?"

면접관은 잠시 생각을 가다듬더니 이렇게 되물었다.

"그럼 본인이 생각하는 건강한 조직이 어떤 모습인가요?"

"조직이 건강하지 못한 모습으로, 빠르게 병들 수 있는 방법은 잘 알고 있는 것 같습니다. 리더와 팀원, 그리고 동료 간에 서로 활발하게 질문을 하지 않는 분위기라면 금새 조직이 병들 수 있다는 사실을요"

반면교사라는 말이 있다. 다른 사람의 부정적인 측면에서 가르침을 얻는다는 뜻인데, 최악의 상사로부터도 배울 점은 있다. '나는 이러지 말아야지.' 혹은 '이런 조직엔 다시는 가지 말아야지.' 하는 큰 깨달음을 얻게 해준다. 이 상사를 겪어보지 않았다면 어찌 알았겠는가.

내가 원하는 건강한 조직이 어떤 모습인지를.

혹시 지금 이 순간 당신이 최악의 상사를 마주하고 있다면, 그 사람으로부터도 무언가를 배우자. 언젠가 헤어질 날은 반드시 온다. 그전까지 무엇을 하지 말아야 하는지, 어떤 것이 최악의 직장인의 모습인지를 아낌없이 배우는 것이 나 자신을 더욱 좋은 직장인으로 성장시킬 것이다. 옛사람의 말처럼, 스승은 도처에 계시고, 우리는 언제 어디서든 배울 수 있다.

누구나 N 번쯤 마주치게 되는 상사

정말 마주치고 싶지 않지만 한 번쯤은 마주치게 되는 것이 바로 최악의 상사죠. 여러분이 겪은 최악의 상사는 어떤 모습인지 궁금하네요. 최악의 상사를 마주쳤을 때 과연 어떻게 대응해야 할까요.

저는 앞에서 말씀드린 상사를 대할 때는 사실 눈치가 없는 척했습니다. 지금 리더가 짜증났다는 사실조차 모르는 척, 왜 화가 났는지도 모르는 척, 어떤 걸 싫어하는지도 모르는 척. 눈치가 없어서 예민하게 굴기 애매한 직원으로 여기게끔 말이죠. 그리고 당연한 얘기지만 일 얘기 외에는 사적인 대화를 섞지 않았습니다. 리더는 자신의 기분이 좋을 때는 사적인 대화를 나누고 싶어 했지만 그 역시 눈치가 없는 척 일 얘기, 동료 이야기로 넘기곤 했었죠.

참 피곤한 일입니다. 상대에 따라 자신을 다르게 포장하는 일은 여러모로 피곤한 일이 아닐 수 없어요. 저는 그래도 운이 좋은 편이었습니다. 7개월 만에 팀이 바뀌면서 리더와 헤어지게 되었으니까요. 만약 피할 수 없이 계속 함께 해야 했다면 부서 재이동이나 퇴사를 고려했을 겁니다. 조직을 병들게 하는 리더 밑에서 일하는 건 건강하지 못한 직장인이 되는 길이니까요. 고민할 필요도 없었을 거예요.

여전히 조직을 병들게 하는 최고의 방법은 리더, 동료 간 질문이 박한 것이라고 생각해요. 당시 톡톡히 배운 경험 덕분에 마음이 단단해졌습니다. 만약 또 한 번 질문에 야박한 리더를 만나게 된다면 나는 조금 더 질문을 활발하게 하는 조직이 되었으면 하는 바람이 있다는 점을 말하고, 그게 받아들여지지 않는다면 그 조직에서 버티려 억지 노력을 하지 않으리라 다짐하고 있죠.

긴 직장생활을 하면서 어찌 매번 나와 마음이 꼭 맞는 리더를 만날 수 있겠어요. 최악까진 아니더라도 모든 리더에게 단점은 있을 겁니다. (반대로 리더가 생각하는 팀원으로서의 나에게도 단점은 있겠죠.) 그럴 때 우리가 할 수 있는 일은 하나씩 알아가는 일이라 생각해요. 내가 절대 못 참는 리더의 모습은 이런 거구나, 내가 바라는 리더의 모습은 이런 거구나, 하고 하나씩 나를 알아가는 거죠.

앞에서도 태도는 옮는다는 이야기를 했었습니다. 그게 리더의 태도일수록 더욱요. 리더의 단점에 '당하고' 있다고만 생각하지 말자고요. 리더의 단점을 보며 '나는 저러지 말아야지'라는 반면교사로 삼아 좋은 직장인으로 거듭나고 있다고 생각해보면 어떨까요. 만약 반면교사를 넘어서 나를 피폐하게 만들고 있다면, 망설이지 마세요! 도망치세요!

📝 **생각해볼 거리**

Q. 내가 만나본 최악의 상사는 어떤 모습입니까?

_____

_____

_____

Q. 그 사람에게서 배운 점이 있다면 무엇이 있을까요?

_____

_____

_____

너는 내가
아니니까

친구들과 만나 시시콜콜한 생활 이야기를 하다 보면 '우리 회사의 비상식적인 사람' 이야기로 흘러가기도 한다. 아무것도 한 게 없는데도 여우같이 남의 공을 가로채는 팀원, 언제나 태도가 뻐딱해서 말 걸기도 싫은 개발자, 상사 눈치만 보며 아첨하는 영업팀 시니어, 매사에 불만만 늘어놓는 유관부서 등 한마디로 상식을 벗어난 사람이다.

이야기를 나누다 보면 말이 끝나기 무섭게 "우리 팀에도 그런 사람 있어!" "우리도! 우리도!" 하고 손뼉 치며 공감한다.

한번은 고개를 갸웃하게 되는 일이 있었다. 그녀는 안 좋은 평판으로 회사에서 꽤 유명한 사람이었다. 직접 겪어보니 그녀는 함께 일하기 대단히 힘든 사람이었다. 그 이유인즉 상대와 상황에 따라 말이 늘 바뀌었고 확답을 피해 애매한 말만 늘어놔 일을 복잡하게 만들기 일쑤였기 때문이다. 커뮤니케이션은 또 얼마나 공격적인지, 모두가 그녀와 소통하는 것을 꺼렸다.

한번은 회의를 마친 뒤 그녀와 처음으로 차를 마시게 됐는데, 그녀가 나를 편하게 생각했는지, 혹은 친해지고 싶던 건지, 함께 회의했던 J의 험담을 늘어놓기 시작했다. J는 상황에 따라 다르게 말을 하니 본인이 잘 눈치를 채고 대응해서 막아냈다며, 늘 감정적으로 말하는 통에 참 함께 일하기 힘들다, 회사 생활이란 게 참 쉽지 않다며 애써 웃는 얼굴을 지어 보였다. 그녀의 말에 나는 고개를 어느 방향으로 흔들어야 할지 모른 채 웃음도 아닌 애매한 입꼬리만 보이고 말았다. 그녀의 말은 정확히 타인이 그녀 자신을 묘사할 때 말하는 단점인데 그걸 본인의 입으로 말하다니! 그것도 정말 청렴결백한 얼굴로 '직장에선 그러면 안 된다.'고 진심으로 J를 안타까워하면서!

회사에서 내가 비상식적이라고 여기는 사람은 그저 '내가 아닌 다른 사람'이다. 회사에 '돌아이'가 없으면 내가 '돌아이'라는 말이 있지 않은가. 우린 언제나 다른 사람에게는 이해할 수 없는 사람이 될 수 있다. 그게 바로 우리 회사에, 아니, 모든 회사에 상식을 벗어난 사람이 많은 이유다.

너는 내가 아니니까.

여럿이 모인 공간에서는 반드시 그런 사람을 만날 수밖에 없게 된다. 그렇기 때문에 여기만 벗어나면 모든 게 좋아질 거라는 기대는 하지 않는 것이 좋다. 지금 회사의 누군가 때문에 너무 힘들다면 이직이나 이동을 해서 '이 사람'은 더 보지 않고 '다른 사람'을 만나겠다는 선택을 할 뿐이다.

나 아닌 다른 사람을 완전히 이해하기란 쉽지 않다.

그러니 이 사람 진짜 너무하네? = 이 사람 진짜 나랑 다르네?
필터를 끼워 넣으면 그뿐이다.

내가 맞고 너는 틀리다

요즘 MBTI가 많이 거론되고 있죠. 여담이지만 제 MBTI는 ENFJ입니다. 사람을 좋아하고, 사람들에게 공감하고, 위로하기 좋아하는 성향이죠. MBTI가 유행하면서 '너는 진짜 나랑 성향이 달라'라는 말을 많이 듣는 것 같아요. 그 말이 어찌나 건강하게 들리던지.

그러나 다른 사람이 나와 다르다는 걸 인정하는 건, 정말이지, 쉽지 않은 일입니다.
'내가 맞고 너는 틀리다'로 생각하기 마련이죠.

'아니, 보통 이 상황에서는 결과를 따지기보다 상대방을 위로해주는 게 먼저 아냐? 저 사람 왜 저래?'처럼 말입니다. 그것도 '보통'이라는 무서운 단어를 써가면서요. 정확한 단어를 사용하자면 '보통'이라는 말 대신 '나 같은 경우는'을 사용해야 맞을 텐데, '보통'이라는 단어를 사용하면서 상대방을 이상한 사람으로 만든 겁니다. 저 역시 그렇습니다.

ENFJ로써, 공감과 위로가 아닌 상황 분석부터 하는 사람을 보면 잔인하다고 생각했으니까요.

회사를 다니면서 아무리 노력해도 이해할 수 없는 사람들을 많이 만났습니다. '왜 저렇게 공격적인지, 왜 저렇게 일하는지, 왜 저렇게 생각하는지,' 도통 알 수가 없었지요. 하지만 자세히 들여다보면 내 기준에서의 이상함인 경우가 많습니다. 나라면 더 부드럽게 말을 해서 모두와 함께 일을 일궈나갈 텐데, 저 사람은 왜 저렇게 날카롭게 이야기를 할까, 라는 생각을 하다가도 속사정을 살펴보면 그 팀에서는 그 날짜에 결과물을 전달받지 못하면 다른 업무가 전부 어그러지는 매우 긴박한 상황이라고 몇 번을 강조하던지. 혹은 그런 식의 업무가 쌓이고 쌓여 사람의 업무 성향이 굳혀져서 매번 날카롭게 말하게 되었던 걸까요.

모두 나와 같은 경험을 겪거나, 같은 생각을 갖고 있진 않겠죠. 그래서 어떤 환경, 어떤 공간에서 일을 하든, 납득할 수 없는 사람은 존재할 겁니다. 그때마다 내 기준으로 생각하는 건 아닐지, 나 역시 그 사람에게는 이해하기 어려운 사람이 아닐지, 생각해보기로 했어요. 그럼 분명 서로 같은 점 하나 없이 서로가 서로에게 이상한 사람일 겁니다. 그러면 그저 MBTI가 다르다고 생각하죠 뭐.

Q. 떠오르는 회사에 '비상식적인 사람'이 있나요?

_____

_____

_____

_____

Q. 나는 타인에게 '이상한 사람'이 아닐까요?

_____

_____

_____

_____

요즘의
꼰대

요즘 시대에 듣는 이로 하여금 어떤 욕보다도 두려움에 떨게 하는 단어가 하나 있다. 바로 '꼰대'다. 나이를 불문하고 행여나 이 말을 들을까 싶어 덜덜 떨기 마련이다. 무엇이 '꼰대'일까?

10년 전쯤만 해도 꼰대라는 단어의 의미는 아주 확실했다. 드라마 미생에 나오는 옆 팀 부장님처럼 폭언, 성희롱을 일삼거나 긴 회사 생활 끝에 남은 건 자존심과 추억뿐이라 "내가 네 나이 때는 말이야!", "요즘 것들은 근성이 없어서 말이야." 라며 급격히 변해가는 현실을 자신의 과거에 끼워 맞추는 고집불통의, 권위적인 사람을 가리키는 말이었다. 하지만 최근 꼰대란 단어는 그보다는 조금 더 광범위하게 쓰이는 듯하다.

스타트업에서 일할 당시 함께 일했던 사업전략팀장은 매우 젊은 나이에 컨설팅 회사에서 컨설턴트로 활약하다 중견기업의 임원을 역임한 인재로, '스타트업' 하면 상상하는 수평적이고 팀원의 의견을 귀담으며 함께 달리는, 이상적인 리더의 모습에 굉장히 부합하는 인물이었다.

그는 스타트업 퇴사 후 개인 사업을 시작했는데, 이내 한 팀원과 감정의 골이 생기기 시작했다. 그 이유인즉 모든 스타트업이 그러하듯 특정 업무뿐 아니라 전략, 기획, 운영, 마케팅, CS, 분석 등 모든 사업 업무 전반을 팀원이 도맡아 하게 되었는데 대표는 그 업무들에 가이드를 주기보다 '자유롭게 해봐.'라고 과제를 내줬기 때문이었다. 어떻게 시작해야 할지, 내가 한 게 맞는지, 외로운 사투를 하던 팀원은 자신의 업무능력에 대해 자신감을 잃어가고 있었고, 대표는 정답을 말해주기보다는 '함께 고민해보자, 네 생각은 어떠니?'라는 브레인스토밍식의 답변을 했다.

그렇게 둘의 감정의 골이 깊어갈 때쯤 함께 고민을 나누던 대표가 말했다.

"나는 첫 회사로 대기업을 들어갔고, 각자의 일에만 바쁘고 아무도 알려주지 않는 그곳에서 살아남기 위해 정말 열심히 부딪혀

봤어. 실패도 있었지만 이뤄낸 것이 더 많았지. 그 경험이 나를 빠르게 성장시킨 정말 값진 경험이었기에 팀원이 그런 성장을 할 수 있도록 스스로 답을 찾는 시간을 주는 게 대표로서 해줄 수 있는 일이라 생각했어.”

그는 늘 자신의 배움을 나누고 싶어하는 사람이었다. 그래서 스타트업이라는 어려운 결심을 해준 팀원에게 본인이 '일을 배운 방법 자체'도 나누고 싶어했던 것이다.

“그거 꼰대일 수 있어요. 자신이 과거 터닝 포인트에서 느꼈던 감정을 다른 사람도 똑같이 느끼길 기대하면 안 되죠. 진심으로 좋았기 때문에 같은 걸 해봤으면 하는 마음인 건 알지만, 어떤 사람은 헤맨 끝에 답을 찾아내는 좋은 경험을 하고, 어떤 사람은 귀중한 가르침으로 답을 찾는 좋은 경험을 할 수 있는 거예요.” 그 둘의 틈을 메우기 위해 3자인 내가 대신 전할 수 있는 말이었다.

전에는 세대 차이 나는 상사의 권위적인 행동이 꼰대였다면, 지금은 더 넓은 범위로 나와 같은 감정을 다른 사람에게 대입하는 행동 자체가 꼰대일 수 있다. 나와 타인은 他(다른)人(사람)이다. 결코 같은 존재일 수가 없다. 나이가 든다고, 위치가 높아진다고 해서 꼰대가 되는 것이 아니라, 나의 생각을 다른 사람에게 주입하려고 할 때 우리는 꼰대가 된다. 요즘의 꼰대가 되지 않기 위해서는 부단히 노력해야 한다.

한 끗 차이

연차가 오르면서 저보다 낮은 연차의 후배들에게 상담을 해주기도 하는데요, 그럴 때마다 참 긴장하게 됩니다. 후배의 판단을 도울 수 있는 정도로만 제 생각과 경험을 전하는 것과 후배에게 저의 판단을 강요하는 것은 그야말로 **한 끗 차이**기 때문이죠.

꼰대를 떠올리자니 퍼뜩 떠오르는 경험이 있습니다. 한번은 팀원들과 술자리를 가지게 되었는데 팀원 한 명이 이직을 고민 중이라는 속마음을 털어놨습니다. 욕심이 나는 회사에서 제안이 왔다더군요. 하지만 아직 고민 중이라며 연차가 더 많은 나머지 팀원들에게 조언을 구했습니다. 이직하고자 하는 회사는 스타트업이었습니다. 제안을 한 리더도 신뢰하고, 가서 하게 될 일도 마음에 들고, 연봉 조건도 맘에 들지만 대기업에 비해 부족한 복지와 불안정감, 업무 강도가 걱정되어 살짝 망설이고 있다는 이야기였습니다. 저 역시 스타트업과 대기업을 모두 경험해본 바 충분히 이해가 되었죠. 그런데 이야기를 듣는 순간 한 팀원이 무조건 대기업에 붙어있어야 한다며 손사래를 치는 겁니다. 스타트업은 지금 다니는 회사보다 업무량이 훨씬 많고, 본인이 결혼을 해보니 대기업 다니면서 결혼하고 복지 누리는 게 최고라며 말입니다. 특히 여자는 대기업 안정적으로 다니는 게 좋다고(믿을 수 없겠지만 실제로 이렇게 말씀하시더군요.) 말하는 게 아니겠어요. 정말 최악의 상담사라는 생각이 들었습니다. 그 뒤로 다른 팀원들도 한마디씩 의견을 덧붙였어요. 저 역시 거들었죠. 제게 있어 스타트업은 정말 좋은 경험이었다며, 큰 회사의 작은 일부분일 때보다 작은 회사에서 큰 역할을 체험하는 건 또 다른 책임감과 즐거움을 맛볼 수 있는 기회가 될 수 있다고 말했습니다. 물론 스타트업이라 힘든 점이 있는 것도 사실이기에 신중한 선택이 필요하다는 것도요. 제가 겪은 장단점을 말해주면서 선택의 도움이 되길 바랐죠. 하지만 제 말이 끝나기가 무섭게 다시 손사래를 치며 "아니야 아니야, 무조건 대기업에 있어야 해."라고 말하는 팀원은 최악의 상담사이자 자신의 판단을 강요하는 꼰대였습니다.

직장생활의 목표가 있다면 '꼰대가 되지 않기'일 것 같습니다. 그만큼 무서운 단어가 없죠. 꼰대라는 단어가 가리키는 의미가 타인을 받아들이지 못하고 내 생각, 혹은 내 경험에만 갇혀 그걸 주입하려는 사람이라는 뜻이기 때문일 겁니다. 그러니 나이가 들었다고 해서 꼰대가 된다는 법도 없습니다. 저는 오늘도 요즘의 꼰대가 되지 않으려 노력 중입니다.

생각해볼 거리

Q. 주변에 꼰대가 있나요?

Q. 왜 그 사람을 꼰대라고 생각하시나요?

Q. 나는 요즘의 꼰대가 되지 않기 위해 어떤 생각을 가져야 할까요?

으쌰으쌰
하는 팀

심리상담을 받은 적이 있다. 꼭 직장이 원인이라고 생각하지는 않았지만 열 번이면 열 번 모두 회사에 대한 이야기만 털어놓는 자신을 보며 내가 이 정도로 회사에서 스트레스를 받고 있다는 걸 오히려 깨닫게 되는 계기가 되었다. 많은 이야기를 했지만, 결론적으로는 이런 말의 반복이었다. "나는 리더, 팀원들과 함께 으쌰으쌰 하는 분위기에서 기분 좋게 일하고 싶은데 이곳은 건조하게 일만 진행합니다. 리더가 워낙 예민해서 온종일 리더의 기분, 말투만 살피고 있다는 점이 바로 스트레스에요."

내가 생각하는 이상적인 팀이란, 내부에서 으쌰으쌰 뭉쳐서 외부의 적을 무찌르는 모습이었다. (외부의 적이라 하면 대하기 까다로운 고위 임원이 될 수도 있고, 힘겨운 협의를 해야 하는 유관부서가 될 수도 있겠다.) 하지만 현재의 팀은 오히려 리더라는 적이 내부에 있고 그 적에게 공격당하지 않거나 밉보이지 않도록 팀원들은 각자 고군분투 하는 모습이었다. 그게 참 불안하고 불만이었다. 일은 어려운데다 리더는 어찌나 예민한지, 눈에 거슬리는 일은 하지 않도록 주의해야 하는 미션까지 있는 거다. 피곤하기 그지없는 일들이었고 내가 생각하는 이상적인 '으쌰으쌰' 팀과는 거리가 멀었다.

상담사 　 "리더가 왜 예민하고 까칠하다고 생각해요?"

김마라 　 "일단 말투나 표정부터가 퉁명하고요. 무엇보다 그 내용이 문제요. 아무리 열심히 해도, 잘해도 그냥 넘어가는 법이 없어요. 매번 어떤 부분이 잘못되었다는 수정사항이나 지적사항을 뱉기에만 바쁘세요. 사람이 너무 까칠하고 부정적이니까 뭘 말하기가 겁나요."

상담사 　 "음… 그래요? 그 사람은 그런 일을 하는 사람이지 않아요? 자신의 역할이 팀원이 못 본 걸 찾아내야 하는 일이라고 생각하고, 그저 괜찮다, 좋다,라고만 하면 본인의 존재가 필요 없다고 느낄 수 있으니 필사적으로 지적사항을 찾아내야 한다고 생각하지 않을까요? 그렇게 생각하면 본인도 보고 받을 때마다 얼마나 긴장하겠어요"

아무 말 하지 않는 나에게 선생님은 다시 물었다.

상담사   "마라 님이 말하는 으쌰으쌰 하는 팀을 경험해보신 적 있나요?"

김마라   "네. 팀원들은 서로를 든든하게 서포트 해줬고, 리더님은 팀원들에게 배움을 나눠주고, 어려운 문제에 대해 함께 고민하는 든든한 동료 같은 느낌이었죠. 잘하면 잘했다고, 아쉬우면 더 잘할 수 있다고 응원해주는 분이었어요."

상담사   "앞으로도 그런 팀이나 리더를 만날 수 있을까요?"

김마라   "음…만나면 좋겠지만…. 흔치는 않을 것 같아요."

상담사   "그쵸? 흔치 않아요. 회사잖아요."

선생님이 말하고자 하는 바를 알 것 같았다. '이왕이면 하하, 호호 웃으면서 일하면 좋잖아요.'라는 어쭙잖은 말로 모두가 끔찍이 생각하는 '가족 같은 회사'를 꿈꿨던 꼴이었다.

"회사와 팀에 대해 체념하라는 게 아니에요. 다만 너무 이상적인 것을 꿈꾸는 것은 아닐까 돌아봤으면 하는 거죠. 회사는 일을 하는 곳이고 리더는 나에게 업무를 지시하거나 피드백을 주는 사람이에요. 이왕이면 즐겁게 일하고, 이왕이면 좋게, 좋게 말했으면 좋겠다는 건 어쩌면 그 기본 역할을 넘는 이상적인 바람일 수도 있는 거죠. 누군가 마라 님에게 기본 역할이 아닌 이상적인 역할을 기대한다면 그 기대를 모두 충족시킬 수 있을까요? 때로는 그 바람이 버겁게 느껴지기도 하겠죠? 같은 거라고 생각해요."

각자의 역할

신이 나서 회사에 출근하는 사람이 몇이나 있을까요?

믿기 힘드시겠지만 저는 사회초년생 때 신이 나서 회사에 출근했던 때가 있습니다. 월요병 같은 건 남의 나라 이야기라고 생각했었죠. 새롭게 배우는 일뿐인 것이 즐겁고, 어느덧 익숙해진 사람들과 만나는 것도 참으로 반갑기만 하고요. 회사는 고속 성장을 하고 있었고, 하루하루가 기쁜 축제의 현장이었습니다. 어쩌면 회사가 아니라 즐거운 동아리 모임에 나가는 것쯤으로 생각했나 봅니다.

9년 차 즈음에 또다시 그런 팀을 만났습니다. 팀워크가 어찌나 좋은지 리더를 포함한 모든 팀원이 서로를 사랑하는 마음이 느껴져 회사 출근하는 길이, 사무실에 앉아있는 시간이, 아니, 어려운 고민을 나누는 시간조차 즐거웠죠. 그래서일까요. 그다음 이직한 회사의 팀에서도 당연히 그러리라 생각했습니다.

아이러니한 말이지만 회사에서 일만 한다는 것이 어찌나 삭막하게 느껴지던지. 물론 잡담을 할 때도 있었지만 보통은 회의 전 아이스 브레이킹ice breaking의 형식이었죠. 좀 더 하하, 호호 일하고 싶은데 그렇지 않은 게 너무나도 불만이었습니다. 다시금 생각하면 기본에 충실한 팀이었는데 말입니다. 리더는 예민하고 뚱하기는 했지만 어떤 업무이든 세심하게 피드백을 주었고, 동료들은 각자의 할 일을 성실하게 해냈죠. 리더가 늘 뚱해서 불만이라고 했지만 이제 와서 생각하면 일 외의 것을 바라면서 뚱해 있던 것은 저였던 거죠.

상담 10회 차가 되었을 때, 회사 말고 다른 이야기를 하고 싶다고 먼저 말을 꺼낸 건 저였습니다. 그러자 선생님은 이제 회사와 팀에게 너무 많은 걸 바라기보다 그 역할에 맞는 존재로 생각하게 된 것 같아 다행이라고 했습니다. 그 말을 들으니 내가 앞으로 회사를 어떻게 대해야 할지, 사람들에게 어떤 역할을 바라면 되는지, 그 안에서 나는 어떤 역할을 해내면 충분한 것인지 조금은 알겠더라고요.

Q. 바라는 팀의 모습이 있나요?

Q. 그 바람은 팀이나 개인의 역할을 넘어선 이상적인 모습은 아닌가요?

PART 3

직장의 일

INTRO 요즘 시대의 직장인에게 '일을 잘한다.'라는 말은 참 추상적이다. 먼 옛날 사냥으로 식량을 얻는 게 모두의 일이었던 시대에 "저 친구는 사냥감 앞에서 활을 한 발 쏘기만 하면 백발백중이야! 일을 참 잘해!"라고 추켜세우는 것처럼 간단한 기준이 아니다. 그렇다면 모두가 공감하는 '일머리 있다, 일 센스가 있다'고 느끼는 사람은 어떻게 일하는 걸까?

일 잘하는
사람이란

IT 업계에서 일을 해서일까. 많지 않은 나이에 회사를 설립해 직접 운영하는 지인들이 두루 있다. 내 가까운 주변에는 C와 J가 그랬다. C는 데이터를 가공하여 기업에 판매하는 사업을 시작한 지 5년이 되어가는 규모 있는 회사의 대표였고, J는 이제 막 새로 사업을 시작한 1년 차 온오프라인 광고마케팅 회사의 대표였다. 우리 셋이 모이면 자연스레 사업 이야기로 곧잘 흘러가곤 했는데, 두 사람의 넋두리에는 사람 뽑기가 참 어렵다는 말이 늘 손에 꼽혔다. 특히 '일 잘하는' 사람 뽑기가 그렇게 어렵다는 거였다. 도대체 대표, 한 회사의 리더가 보는 입장에서의 '일 잘하는 사람'이라는 게 구체적으로 어떤 사람을 지칭하는 건지 궁금했다.

김마라   "일 잘하는 사람? 일 잘하는 사람의 기준이 뭐야? 일 못
하는 사람과는 어떻게 구별된다고 생각해?"

C   "일차적으로는 주어진 일을 해결할 수 있느냐, 없느냐의
차이지. 만약 두 명이 똑같이 문제를 해결해 낸다고 하
면 더 빨리 풀어내는 사람이 더 잘 해내는 걸 테고. 하지
만 단순히 업무를 해결하는 걸 넘어서서 문제를 재정의
하는 능력이 중요하다고 생각해. 예를 들어, A라는 업무
가 주어질 때, 그 A라는 업무의 목적을 따져보고 A 방식
보다는 B가 나을 것 같다고 생각해내고 'B 방식은 어떨
까?'라고 재정의할 수 있는 능력. 거기서 또 한 단계 올라
간다면 문제 자체를 스스로 설정할 수 있는 능력이겠지.
정리하자면 '문제를 해결할 수 없다. 문제를 해결할 수
있다. 문제를 재정의할 수 있다. 문제를 설정할 수 있다.'
의 단계로 올라가는 것 같아."

J   "맞아, 그 바탕을 말하자면 일 잘하는 사람과 못하는 사람
의 가장 큰 차이는 '상황 판단력'이라고 생각해. 지시받
은 업무를 그대로 하는 게 아니라 상황을 판단하고 업무

를 재정의해서 어떻게 진행해야 할지, 그 시나리오를 머릿속으로 그려내는 능력이 있는지 없는지, 그 일머리가 있다면 그다음엔 실행력만 있으면 되거든.”

김마라   “일머리… 참 많이 듣는 말인데…. 일머리라는 걸 정의하자면 뭘까?”

C   **“한마디로 말하자면 일의 맥락을 잘 파악하는 능력!”**

J   “업무 지시를 받았을 때 무엇을, 왜 해야 하는지, 이걸 하면 어떻게 되는지, 그 앞뒤 맥락을 파악한 다음 업무를 진행하는 거지.”

김마라   “어렵다…. 그렇다면 일머리를 키우기 전에, 일단 사회초년생이라면 이것부터 잘했을 때 ‘일 잘한다는 소리는 듣는다!’라고 생각하는 부분이 있어?”

C   **“일단 기본은 커뮤니케이션인 것 같아.** 말이라도 통해야 뭘 할 수 있으니까. 두 번째는 말뿐 만 아니라 문서 기반의 커뮤니케이션이라고 생각해. 문서라든지 메신저라든지 그걸 우선으로 해야 하지 않을까 싶어.”

J   "문서 기반 커뮤니케이션, 중요하지. 도큐먼트 커뮤니케이션을 빠르게 익히고 싶다면 꼭 해보라고 하고 싶은 게 회의록 작성이야. 꼭 누굴 보여줄 용도가 아니라도 하더라도 말이야. 회의는 의제와 결론이 있으니 복잡한 중간 과정을 정리해서 써 내려가는 훈련을 하기가 좋거든."

김마라   "두 회사 모두 최근에 신입이 많이 들어오잖아, 어떻게 해야 '1인의 몫'을 해내는 것 같아?"

J   "새로운 사람이 들어옴으로써 기존 사람들과 함께 시너지가 발생할 것으로 기대를 하지, 그 사람 한 명이 대단한 능력을 뽐내줄 거라고 기대하지는 않아. 그러니 우선 **'1인의 몫'**이라는 걸 너무 무겁게 생각하지 않았으면 좋겠어. 최근 새로운 직원이 들어왔을 때를 생각하자면 궁금한 업무 내용을 잘 정리해서 물어봐주는 것. 그것만으로도 그 사람의 현재 상황을 파악할 수가 있어서 좋더라고."

C   "공감해! 내가 무언가에 대해 아는지 모르는지, 내가 무엇을 이해했고, 무엇을 이해 못 했는지를 잘 파악하고 잘 전달해 주는 거라고 생각해. 본인이 그것을 명확히 파악

한 다음에 전달해 준다는 건 관리가 가능하게 해준다는 이야기니까. 반대로 본인이 이해를 못 했는데도 말을 안 해주고 있다거나 하면 관리 자체가 불가하니까 마이너스가 되는 거지. 관리가 가능하도록 해준다는 것만으로 시간과 비용을 절약할 수 있기 때문에 충분히 1인의 몫을 해낸 것이 아닐까?"

질문보다 나은 해답은 없다

일을 잘 해낸다는 게 참 욕심나는 말이지만, 그처럼 어려운 일도 없죠. 타인을 가리킬 때는 '그 사람은 일 잘해.''그 사람은 일 못 해.'하고 쉽게 판가름 짓는데, 정작 나 자신이 일을 잘하기 위해서는 어떤 일을 해야 하는지, 손에 잡히는 게 없는 기분입니다.

특히 사회초년생 때는 내 역량을 기르기 위해 부단히 애를 썼던 것 같아요. 서둘러 내 능력을 키워 인정을 받아야 일 잘하는 사람이냐 못하는 사람이냐 하는 갈림길에서 일 잘하는 사람의 길에 들어선다고 생각했으니까요. 그러기 위해 관련 서적도 읽어보고, 주어진 업무를 무조건 열심히 했습니다.

그런데 이번에 두 대표님과 대화를 하면서 의외로 사회초년생의 1인의 몫이라는 게 생각만큼 무겁지 않다는 걸 알았습니다. 결국 '관리자가 관리 가능토록 해주는 것'이면 충분히 제 몫을 한다는 거죠. 혼자

일 잘하는 사람이란

업무 역량을 올리려 끙끙댔던 제 사회초년생 시절을 떠올리니 좀 더 적극적으로 커뮤니케이션했다면 어땠을까 하는 생각이 들더라고요.

경력직도 마찬가지입니다. 얼마 전, 회사 경력직 입사자들의 오리엔테이션이 진행되었는데, 먼저 입사한 동료들에게 궁금한 점을 묻는 자리가 있었어요. 1번으로 나온 고민이 '경력직에게는 빠른 성과, 결과물을 기대하고 채용하셨을 텐데 기대에 부응하지 못할까 봐 너무 고민입니다.'였습니다. 그에 대해 아주 많은 분이 답변을 해주셨는데요, 모두 일관된 답변을 내놓았습니다.

'질문보다 나은 해답은 없다.'

아무리 혼자 히스토리를 파악하려 해도 시간만 지체될 뿐, 경력직도 신규입사자일 뿐이니 당당하게 질문을 해서 빠른 적응을 하는 것이 기대에 부응하는 일이다, 라는 것이죠. 무엇을 알고 무엇을 모르는지 전달해서 빠르게 관리할 수 있도록 돕는 것, 그게 일을 잘하기 위한 첫 번째 스텝이라 생각합니다.

첫 번째 스텝을 밟았다면, 두 번째 스텝이 욕심날 겁니다. 바로 일머리 있는 사람이 되는 것이죠. 회사를 다니다 보면 흔히 듣는 '일머리'라는 단어인데 그 어떤 단어보다 부러운 단어가 아닐 수 없어요. 해석하자면 어떤 일을 맡겨도 다 해낼 수 있는 머리를 가진, 쓸모가 많은 사람이라는 얘기거든요.

두 대표님은 일머리를 '일의 맥락을 파악하고 일하는 사람'이라고 정의했습니다. 즉, 이 일을 왜 하며 이 일을 하면 어떻게 되는지 등을 파악하고 일한다는 거죠. 내게 주어진 일을 곧이곧대로 실행하기보다는 일의 전체 맥락을 파악하고 일을 재구성할 줄 아는 능력을 갖췄다면 어느 업무를 맡더라도 '일머리' 있게 해낼 수 있습니다.

여러분이 떠올리는 일 잘 하는 사람의 특징은 무엇인가요?

단순히 경험이 많거나 아는 것이 많다는 점을 떠올리기보다, 그 경험과 아는 점을 어떻게 업무에 적용하고 있는지를 떠올려보는 건 어떨까요. 아마 그 혹은 그녀도 수많은 질문을 통한 확인, 그리고 앞 뒤 맥락을 이해한 후 업무 진행을 하고 있지 않나요? 일 잘하는 사람의 공통점은 한결 같을 테니까요.

📝 생각해볼 거리

Q. 내가 떠올리는 일 잘하는 사람은 어떤 조건을 갖추고 있나요?

Q. 그 사람에 비해 내가 부족한 것은 어떤 면일까요?

직장인의
특성

이미 직장인이라면 알지도 모른다. 이상하게도 우리는 회사라는 조직에 들어오는 순간 평소의 내 모습과는 다른 자아가 튀어나온다는 사실을. 그것은 나뿐 아니라 내 형제, 나의 부모, 우리 모두에게 해당하는 이야기라는 것도.

집에서는 무뚝뚝하기만 한 아버지가 사무실 책상에 앉아서는 유머를 쉴 새 없이 던져대는 호탕한 부장님이기도 하며, 집 안에서는 아무것도 할 줄 아는 게 없어 보이는 철부지 막내동생이 회사에서는 똑 부러지는 일 처리를 자랑하는 에이스이기도 하다. 마치 어린이 만화 속 마법 반지처럼 사원증이라는 마법 도구 하나 목에 걸면 직장인이라는 새로운 자아로 변신하게 된다. 그렇게 변신한 자아들이 득실득실 모인 곳이 바로 직장, 회사다.

직장인의 어려움에는 여러 가지가 있을 수 있지만, 그중 하나를 꼽자면 늘 다른 사람들과 함께 일해야 한다는 것이다. 서로 다른 자아가 모인 직장에서는 여간해서 서로를 이해하기가 쉽지 않다. 그나마 상대방을 이해할 수 있는 좋은 시작은 직장인의 특성을 이해하는 것이라 할 수 있는데, 쉽게 말해 직장인은 모두 너무나 게으르고 바쁘다는 사실을 아는 것이다. 너무 게을러서 상대방이 보내온 파일을 손가락에 힘을 주어 클릭해 열어볼 수 없으며, 너무도 바쁘므로 상대방이 기승전결에 맞춰 시간순으로 전하는 메시지를 진득하게 들어줄 여유가 없다. 모든 직장인이 그러하다. 그리고 직장인의 이러한 특성은 직급이 높아질수록 더해진다. 팀장, 부장, 프로젝트 리더 등 상위자로 올라갈수록 더욱더 게으르고 더욱더 바빠진다. 그래서 그들이 자주 뱉게 되는 말은 **"그래서?" "결론부터 말해봐." "하고 싶은 말이 뭐야."**가 될 수 있다. 사원증이 없이 친구와 술자리를 가질 때는 친구의 뒤죽박죽 횡설수설의 말까지 너그러이 들어주던 사람이라도, 사원증만 목에 걸면 그럴 여유가 없어진다.

사실 바쁘고 게을러진다는 것이 반드시 부정적인 의미를 내포

하지 않는다. 정말 일이 너무 넘치고 바빠서 한 치의 여유도 없거나, 대단히 게을러 일을 하지 않고 남에게 일을 떠넘긴다는 의미가 아니기 때문이다.

그만큼 업무의 효율을 무척이나 중요시하게 된다는 의미이다.

우리는 누군가와 함께 일을 하기 위해 이러한 직장인의 특성을 충분히 이해할 필요가 있다. 이해하고 있어야 상대방을 떠올리며 일에 적용할 수 있기 때문이다. 게으른 상대를 위해 이메일에 첨부한 파일의 내용을 간략히 미리 알려주는 것, 너무 바쁜 상대방을 위해 결론부터 말한 뒤 상세내용을 전하는 것과 같이 상대방의 특성을 이해하고 일하는 작은 변화가 결국은 나 자신의 업무 속도와 효율에도 도움이 되는 결과를 가져온다.

다른 사람과 함께 일을 하는 것처럼 어려운 일이 없다. 하지만 상대를 알면 백전백승이라고 하지 않는가. 직장이라는 전투에 참여하기 위한 초석으로 삼아보는 거다.

이 게으르고 바쁜 직장인에게 내가 이렇게 메일을 보내도 되는 것인가? 이렇게 말을 해도 되는 것인가?

게으르고 바쁜 직장인

누구든 일상의 자아와 회사에서의 자아가 다를 겁니다. 그리고 그런 직장인이 모여서 하나의 특성을 이루죠. 제가 정의한 직장인의 특징은 이렇습니다. 직장인은 모두 게으르고 바쁩니다.

저 역시 마찬가지입니다. 직장인이니까요. 무척이나 게으르고 바쁩니다. 그래서 누군가 비효율적으로 길고 긴 메일을 보내오면 왜 요약이 없냐며 화를 내고 바쁘다며 다음으로 미뤄버립니다. 혹은 대충 읽고 성의 없는 답변을 써서 보내버릴 수도 있죠.

또 다른 특징을 뽑아보자면 직장인은 기억력이 대단히 없다는 겁니다. 매번 기억을 꺼내주어야 하죠. 대뜸 본론부터 시작했다가는 머릿속으로는 무슨 이야기인지 머릿속으로 회로를 돌리느라 내 이야기에 집중하기 어려워할 때가 많아요. 그런 특성을 이해하고 있다면 기억을 상기시켜 줄 수 있는 글이나 말을 서론에 덧붙여 주는 것이 좋겠죠.

결국 우리는 직장인의 특징을 잘 인지하고 있는 것이 중요합니다. 눈코 뜰 새 없이 바쁜 직장에서 최적의 업무 효율을 내기 위해서는 상대를 잘 파악하고 그에 맞춰 일할 필요가 있으니까요. 평소의 나와 직장에서의 나는 어떻게 다른가요? 당신 자신의 특성을 떠올려보세요. 다른 직장인들도 별반 다르지 않을 겁니다.

📝 생각해볼 거리

Q. 여러분이 생각하는 직장인의 특성은 무엇인가요?

_____

_____

_____

_____

Q. 그 특성에 맞춰 어떻게 일해야 할까요?

_____

_____

_____

_____

회의 시간에는 오직 회의만!

함께 일하자마자 곧바로 존경하게 된 개발 팀장님이 있다. 이 팀장님의 특징은 어떤 회의든 노트북을 들고 들어오지 않고 얇은 메모지와 펜만 들고 들어온다는 것이었는데, 회의가 시작되면 앞에 앉은 발표자나 기획자의 리뷰를 들으며 메모지에 단어 몇 개를 끄적이기도 하고, 발표 화면을 유심히 보다가 가끔 천장을 바라보며 눈을 깜박깜박하기도 하고, 그렇게 골똘히 생각에 빠지다 손을 들고 나긋한 목소리로 발표 중간중간 질문을 던졌다.

"혹시 거기서 Back 버튼을 누르면 어떻게 되나요?"

"아, 지금 말씀하신 건 현재 구조상 어려울 수도 있겠는데요, 한번 해보고 안 되면 2페이지 화면에서 바로 넘어가는 거로 하는 건 어떨까요?"

팀장님은 앞에서 발표되고 있는 내용에 집중하며 머릿속으로 대략적인 개발 방안을 그림으로써, 그 회의에서 논의되는 의제는 모두 회의실 안에서 일단락되게끔 하는, 정말 '일 잘하는 사람'이었다. 개발 실력이 뛰어나니까, 혹은 두 가지 일을 동시에 하는 천재이니까, 같은 이유가 아니었다. 참석한 회의는 아무리 소박한 의제라 할지라도. 회의 시간 안에 그 의제를 마무리하는 것이 바로 팀장님의 능력이었다.

사실 매일 같이 반복되는 직장생활에서 정말 중요한 회의가 아니라면 회의실에서 집중력을 놓치기가 쉽다. 심지어 중요한 회의여도 그렇다. 고개는 끄덕끄덕 듣는 척 하지만 노트북 안에서는 친구와 카카오톡 삼매경에 빠져버리거나 회의실에 들어오기 직전에 했던 업무를 연이어 하는 경우가 허다하다. 학생 때 수학 시간에 영어 공부하고, 영어 시간에 과학 공부하던, 딱 그 모습이다.

그러고 나면 회의 끝에 꼭 이런 말을 한다.

"이거 회의록 올려주실 거죠?"

"기획서 공유해 주실 거죠?"

회의 시간에 집중을 못 했으니 회의록이나 기획서를 자리에서 다시 보겠다는 뜻이다. 그럼 결국 "아… 그때 제가 미처 확인 못 했었는데요." "죄송합니다. 제가 놓쳤는데요…."라는 말을 하게 되는 상황에 놓일 수밖에 없다.

오직 내 앞의 일에 집중하는 것은 일의 기본이다.

수능 만점자가 TV에 나와 "교과서 위주로, 수업 시간에 집중했어요."라고 하는 것처럼 직장에서의 '기본'도 다른 일보다 당장 지금 나에게 주어진 일에 집중하는 것이다.

회의의 기본은 회의록

시간에 쫓겨 업무를 보고 있는데 회의 시간은 다가옵니다. 모니터의 시계와 업무 화면을 번갈아 보며 엉덩이를 들썩이다가 더는 지체할 수 없다 싶을 때 노트북을 들고 번쩍 일어나 종종걸음으로 회의실로 들어갑니다. 그리고는 모두가 자리할 때까지 하던 업무를 계속하죠.

잠시 후 회의가 시작되면 어렵게 노트북에서 손을 뗍니다. 하지만 머릿속엔 직전까지의 업무의 잔상이 남아 빙글빙글 머릿속을 돌아다니고 있습니다. 회의가 어떻게 흘러갔는지 잘 모르겠지만 결론이 난 것 같습니다. 결론을 들었다면 헐레벌떡 자리로 돌아와 앞서 했던 업무를 이어 합니다.

그때의 저는 우선순위에 따라 업무를 봐야 한다고 생각했습니다. 급한 업무를 먼저 쳐내고, 회의가 진행되고 있는 다른 업무는 추후 따라잡으면 된다고 생각했었죠. 하지만 사실은 추후 따라잡는다는 말로 현재 눈앞에 놓인 일을 뒤로 미뤄뒀던 것뿐이었습니다. 일을 잘 해내기 위한 기본 중의 기본은, 내 눈앞에 놓인 업무에 집중하는 것인데 말입니다.

회의에서 업무의 기본을 지키기 위한 방법으로 선택한 것은 회의록입니다. 회의 중 머릿속에 다른 업무나 생각이 아른거리면 얼른 메모장을 꺼내 혼자만의 회의록을 작성하죠. 회의록은 회의에서 논의된 내용을 모두 기재한 후, 회의가 종료된 뒤 다시 정리하고 작성한다고 생각하기 쉬운데요. 양질의 회의록을 작성하기 위해서는 회의 중 완벽한 회의록을 작성할 수 있는 스킬을 기르는 것이 중요합니다.

① 우선 일시, 참석자, 의제를 적는다.
② 상단에 번호만 적어놓고 일단 비워둔다.
③ 하단에 정리되지 않은 회의 내용을 쓴다.
④ 공통된 내용이나 중요한 내용은 상단에 적어놓았던 번호 옆에 정리한다.
⑤ 회의가 종료되는 시점에 결론을 기재한다. 결론에는 누가, 무엇을, 언제까지 하기로 했는지를 명확히 기재한다.

이렇게 회의가 종료되는 것과 같은 시점에 회의록의 작성도 완료할 수 있도록 합니다.

- 회의일시 : 2022.01.12 11:00
- 참석자 : OOO 과장, OOO 대리, OOO 대리, 본인
- 의제 : 상품 가이드 관련 이슈 취합
- 회의 내용 :
  1) 업데이트 여부를 알 수 없음 - 옛 가이드를 사용하는 이유
  2) 파일 관리의 불편함 - 2개로 나뉜 파일 관리, 파일명 구별
    어려움
- 결론 : OOO 대리 - 파일 통합하여 1/20까지 취합본 공유할 것, 공
    유 시 전체 메일 알림

- 정리되지 않은 회의 내용 :
  · 가이드가 업데이트 되었는지 몰라서 옛 가이드를 사용하는 경우
    가 다수
  · 업데이트 주기가 일정하지 않아서 매번 확인해야 하는 게 불편,
    그래서 옛 가이드를 봄
  · 가이드가 2개로 나뉘어 있는 게 관리가 어렵다고 함
  · 파일명을 구별하기가 어렵다고 함

일을 잘하려는 마음이 앞서기 전에 일의 기본을 잘 지키고 있는지
생각해볼 필요가 있습니다. 기본은 언제나 통하죠. 기본만 지키더라도
마이너스가 되는 일은 없으니까요.

생각해볼 거리

Q. 일의 기본을 잘 지키고 있는지 떠올려봅시다.

_____

_____

_____

_____

Q. 다음 회의에서는 나만의 회의록을 작성해볼까요?

_____

_____

_____

_____

회의 시간에는 오직 회의만!

메일은
퀴즈가 아니다

안녕하세요, OOO 팀 OOO입니다.

어제 팀장 회의에서 발의된 사내 프로모션 건을 1/21 월요일부터 진행하고자 합니다.

관련하여 상세 내용은 이메일 스레드 참고 부탁드립니다.

그럼 지원 가능 여부 회신 부탁드립니다. 감사합니다.

회사에서의 하루는 정말 바쁘다. 봐야 할 메일도, 보내야 할 메일도, 작성해야 할 보고서도 산더미다. 그 산더미 속에서 자칫 일 하나가 꼬였다가는 오늘의 칼퇴근은 또 물 건너간다. 그럴 때 이런 메일을 받는다면 어떨까? 익숙하게 볼 수 있는 메일이라 생각할 수 있겠지만 사실 꼼꼼히 따져보자면 수수께끼나 다름이 없는 메일이다.

'어제 팀장 회의에서 발의된 사내 프로모션은 무엇이며, 이메일 스레드Email Thread 에 담긴 상세 내용은 무엇이고, 무엇의 지원 가능 여부를 회신해야 하는가!' 중요한 알맹이가 없다면, 수신자는 결국 짧은 4줄 사이에 숨은 알맹이를 찾아 마우스 스크롤을 열심히 올렸다 내리며 퀴즈를 풀어나가는 수밖에 없다. 이때 필요한 것이 바로 명확한 커뮤니케이션이다.

바쁜 회사의 하루 안에서 우리는 업무 시간을 절약해주는 사람과 일을 할 때 '이 사람과 같이 일하면, 어떤 업무든 착착 진행된다.'라고 생각한다. 업무 시간을 절약하기 위해서는 명확한 커뮤니케이션이 필요하다. 서로의 말을 정확히 이해시키는 게 무엇보다 중요하다. 정확한 이해는 최대한 추가적인 질문이나 오해가 없도록 하는 것에서 시작하고 이는 자연스레 시간을 단축하는 효율적인 업무로 이어진다. 아주 간단한 메일 하나를 보낸다고 할 때도, 수수께끼와 같은 메일이 아니라 명확히 전하고자 하는 핵심 내용을 기재하여 건넨다면, 서로의 업무 시간을 절약해줄 수 있고, 덕분에 업무가 착착 진행된다는 피드백을 받을 수 있게 된다.

안녕하세요, OOO 팀 OOO 입니다.

어제 팀장 회의에서 발의된 사내 임직원 대상 50% 할인 프로모션 건을 1/21 월요일부터 진행하고자 합니다. 관련하여 상세 품목 리스트는 메일 스레드 참고 부탁드립니다.

그럼 현장 운영 인원 지원 가능 여부 회신 부탁드립니다. 감사합니다.

회사 안의 커뮤니케이션은 늘 다른 사람의 시간을 절약해주는 역할
을 해야 합니다. 회의 역시 서로의 업무시간을 단축하기 위해 빠른 논
의를 진행하는 것에 의의가 있으며, 메일 커뮤니케이션 역시 그러하
죠. 하지만 글로 표현하는 메일 커뮤니케이션에 주의를 기울이지 않으
면 자칫 시간을 절약하는 것이 아니라, 도리어 시간을 뺏는 커뮤니케
이션을 하게 될 가능성이 있습니다.

　　얼마 전에 이런 메일을 받았어요.

　　OOO : [안녕하세요]

　　OOO에 발신인 이름이 적혀있고, 아는 사람이지만 메일 제목이 [안
녕하세요]라고만 되어있으니 스팸메일 같아서 도저히 클릭할 수가 없
었습니다. 클릭하는 순간 뭔가 잘못되는 게 아닌가 싶더라고요. 망설

임 끝에 메일을 클릭했을 때 그 내용은 평범한 업무 요청이었습니다. 언뜻 화가 났죠.

　OOO의 메일 제목은 그야말로 암호와도 같은 수준이었으니까요. 메일이 어떤 내용을 담고 있을지 전혀 유추할 수 없을뿐더러 스팸메일 이라는 오해까지 받을 수 있을 정도로요.

　수신인과 메일 제목만 잘 사용 하더라도 상대방의 시간을 단축해 줄 수 있는 아주 좋은 의사소통이 됩니다. 여러분은 TO(수신인)와 CC(참조) 를 잘 구분해서 사용하고 있나요?

> TO (수신인)는 "당신은 이 글을 반드시 읽으셔야 합니다."
> CC (참조)는 "이 글을 참고하시면 좋겠습니다."에
> 가깝습니다.

　하지만 간혹 TO와 CC를 혼동해서 또는 아무렇게나 사용하는 경우 상대방은 내게 왜 이 글을 필수로 읽으라고 하는지, 어떤 회신을 바라 는 건지 혼란스럽습니다. 혹은 CC로 메시지를 받았기에 나는 그저 참 고자일 뿐이라고 이해하고 자세히 읽지 않았는데, 중요한 내용이 포함 되어 있어 일을 망치는 경우가 발생할 수도 있고요.

제목 역시 그렇습니다. 인사말이나 단어 나열, 애매모호한 축약보다는 상대방이 본문에 어떤 내용이 담겼을지 유추할 수 있는 제목을 적어준다면 본문을 읽기도 전에 내용을 파악하는 데 도움이 되겠지요. 예를 들면 이런 식입니다.

1. [김마라 : 00시-02시 시스템 오류 건]
2. **[김마라 : 00시-02시 시스템 오류 발생 건에 대한 문의 및 대응방안 논의(회신요망)]**

1번 제목보다 2번 제목이 한눈에 본문을 파악하기에 수월해 보이지 않나요?

본문 내용 역시 미괄식의 글보다는 두괄식이 좋습니다. 이 메일에서 무엇을 말하려고 하는지, 수신자에게 정확히 요구하는 바가 무엇인지 메일 내용 전반의 요약을 2줄 내지 3줄로 함축하고, 그 아래 상세한 본문 글을 작성하면 발신인의 의도와 메일의 내용을 파악하기에 어려움이 없겠죠.

이렇게 누군가와 함께 협업을 할 때, 끊임없이 그 사람의 시간을 단축해주는 방법을 고민하며 일할 필요가 있습니다. 비대면으로, 글로 발생하는 메일 커뮤니케이션일 경우 더욱 그렇습니다.

상대의 시간을 절약해준다면 더 빠른 피드백으로 돌아올 수 있고, 다시 내 업무를 효율적으로 만들어주는 좋은 순환의 시작이 될 테니까요.

> ✏️ **생각해볼 거리**
>
> **Q. 나의 메일을 내가 받았다면 어떨까요**
>
> _____
>
> _____
>
> _____
>
> _____
>
> _____
>
> _____
>
> _____

되물어볼
용기

〈김마라의 부서〉

팀장님　"마라님, 매출부서에 올해 매출 합계 좀 추출 부탁해주세요."

김마라　"넵!"

〈매출부서〉

김마라　"B님! 팀장님이 매출 합계 좀 뽑아달라고 하셨습니다."

B　　　"네, 월별로 뽑아드려요? 아니면 일별로 필요하세요?"

김마라　"네? 아… 자, 잠시만요."

〈김마라의 부서〉

김마라 "팀장님, 월별로 뽑아야 할까요, 일별로 뽑아야 할까요?"
        (답변이 늦어져 안절부절)

팀장님 "월별만 있으면 됩니다."

김마라 "아… 넵."

〈매출부서〉

김마라 "월별 기준으로 필요하다고 합니다."

B   "네…."

　한 번쯤은 겪어봤을 법한 상황이다. 비둘기 팀으로 입사한 것도 아닌데 중간에서 말만 똑같이 전하다 일을 지연시키거나 망치는 경우가 허다하다. 질문 하나에도 대답하지 못하는 내 모습에 얼굴이 화끈대고 '아, 진작 좀 확인할걸.' 하는 생각에 이마에 손을 얹지만 몇 번이고 똑같은 실수를 반복하고 만다.

　애초에 팀장이 월별로 뽑아서 달라고 자세히 지시를 내려줬어야 했을까? 안타깝게도 대부분의 회사 지시사항이라는 것이 그렇게 친절하지 못하다. 이렇게 결론만 내려오는 지시사항을 '잘' 만들어 가는 게 나의 미션인 것이다. 내게 주어진 일을 해낸다는 것이 그렇다. 그렇다면 나는 미션을 앞에 두고 어떻게 해야 할까?

　길을 걸을 때도 내가 향해야 할 방향 정도는 알아야 발을 제대

로 뗄 수 있듯이, 업무 또한 마찬가지다. 내가 무엇을 '왜' 해야 할지 모르는 상태에서는 손과 발을 어느 방향으로 움직여야 할지, 어떻게 알겠는가.

지시를 받았을 때 가장 먼저 해야 할 첫 번째 단계는 바로 내가 맡은 일이 어디에, 무슨 목적으로 쓰일지 일의 맥락을 알고 있어야 한다는 것이다. 더 정확히 말하자면 알아내야만 한다.

앞의 예로 돌아가 만약 올해 매출 합계를 추출해오라는 미션의 목적을 어느 정도 알고 있다면 즉시 실행에 옮기면 되지만, 그 맥락을 알지 못한다면 손과 발을 움직이기 전에 한 번쯤 되물어볼 필요가 있다.

"팀장님, 혹시 본부장님 연간보고 때 사용하실 목적으로 지표 추출 요청하시는 거죠?"

슬프게도 간혹 되물어 볼 '용기'라 일컬을 정도로 직장 상사에게 다시 질문하기 어려운 경우가 있다. 더 슬픈 이야기는 어쩔 도리가 없다는 거다. 두 눈을 질끈 감고라도 용기를 내야만 하는 이유가 있다. 일의 맥락을 모른 채 시간까지 허비한 결과물을 가져가 상사를 대폭발하게 하느니, 초반에 업무의 맥락, 목적을 확인하고 올바른 결과물을 가져가는 편이 더 큰 사고를 미연에 방지하는 길이다. 넓게 보면 지시를 받은 사람과 지시를 한 상사뿐만 아니라 회사에도 이익이 되는 용기다. 여기서 약간의 도움이 되는 것은 현명한 질문 방법이다.

만약 이렇게 질문을 한다고 해보자.

"팀장님, 근데 어디에 쓰이는 매출자료인가요? 어느 범위까지 필요하신가요? 언제까지 필요한가요? 자료는 누구한테 받으면 되나요?"

이런 식으로 질문한다면 "스스로 생각이란 걸 좀 하고 일하세요!"와 같은 짜증 섞인 불호령이 떨어질지도 모르겠다. 하지만 약간 방법을 달리해본다면 어떨까.

"팀장님, 혹시 이번 본부장님 연간보고 때 사용하고자 하시는 거라면 월별 매출이 필요하신 거죠?
지난 번과 동일하게 B님께 요청하면 될까요? 언제까지 필요하신 자료라고 전할까요?"

과연 두 질문 방식의 차이가 뭘까? 말이 길고 짧음의 차이일까?
전자는 마치 팀장님을 답변 로봇처럼 생각하고 질문을 퍼부었다면 후자는 내가 먼저 생각하고 내 생각이 맞는지 틀린지, **YES or NO만 대답해 주는 방식**을 택했다. 팀장님이 고민하고 답변해야 할 범위를 줄여준 것이다.

우리네 사정이 안타깝게 들릴 수도 있겠지만 회사에서는 상사의 감정과 생각 틈새 사이로 어떤 타이밍과 톤으로 질문을 던지느냐에 따라 답변이 다르게 주어지기도 하고, 심지어 평가가 다르게 내려지기도 한다. 때문에 미션을 해내기 위해 '되물어 볼 용기'를 냄과 동시에 반드시 먼저 생각할 필요가 있다. 어떻게 질문을 해야 상대방이 가장 쉽게 대답할 수 있는 길인지, 즉, 어떻게 질문을 해야 내가 가장 정확하고 빠른 답을 얻을 수 있는 길인지를 말이다.

섣부른 "넵!"으로 답하지 않기

"넵!"

습관처럼 튀어나오는 이 대답이 어떨 땐 위험한 결과를 초래하고 맙니다. 특히 미션을 받았을 때 무조건적으로 튀어나오는 "넵!"은 건강하지 못한 결과를 낳고 말죠. 미션을 던져주는 리더가 우리를 붙잡고 상세하게 미션에 대해 설명해주는 경우는 드물기 때문이에요. 대부분은 "마라 님, 이것 좀 정리해주세요."와 같은 한마디로 미션을 던져줄 텐데 거기에 기합이 잔뜩 들어간 "넵!"으로 대화를 마무리해 버린다면 뒤돌아서서는 물음표가 가득 생길 겁니다.

'어떻게 정리하라는 거지? 어디에 쓰이는 거지? 언제까지 하라는 거지?…에라 모르겠다. 빨리 정리해가면 되겠지!'라고 생각하며 자리에 돌아가서 서둘러 어찌어찌 정리를 시작해 보는 거죠.

그렇게 어찌어찌 정리를 할 수 있는 수준의 미션이라면 다행입니다만, 자리에 돌아와서 살펴봤을 때 앞이 깜깜해지는 미션이라면 또 얘기가 달라집니다. '이거 뭘 어쩌라는 거지?'라는 생각에 발을 동동 구르기 시작하는 거죠. 리더에게 다시 가서 물어봐야 하나 눈치를 보기 시작하고, 리더가 자리를 비우기라도 하면 일을 진척시키지도 못한 채 마음만 졸이고 있게 됩니다. **이때 우리에겐 '되물어볼 용기'가 필요합니다.**

저 역시 되물어볼 용기를 내지 못하거나 타이밍을 놓쳐 일을 비둘기처럼 중간에서 말만 전하는 한심한 모습을 보이거나 결과물을 잘못 가져가 일을 두 번 하게 된 경우가 허다했습니다. 모두 성급한 "넵."으로부터 비롯된 일이었죠. **되물어볼 용기를 내기 가장 좋은 타이밍은 미션을 받는 동시입니다.** 미션을 받는 동시에 머릿속으로 아래 세 가지를 떠올려보세요.

- 이 일이 어디에 사용될 일인지
- 완성된 결과물이 어떤 모습이어야 할지
- 그 결과물을 만들기 위해서 어떤 단계를 거쳐 일해야 할지

이 세 가지가 머릿속에 어렴풋이 떠오르지 않는다면 일을 제대로 해낼 방향성을 찾지 못한다는 이야기이니 성급한 "넵."을 외치기 전에 다시 한번 되물어야 합니다. 되물을 땐 세 가지 중 본인이 인지하고 있는

내용을 덧붙여 질문해주세요.

"네, A사 업데이트 항목 정리해보겠습니다. 특히 UI 업데이트에 초점을 맞춰서 자사와 비교해보면 될까요?"
　(= 완성해야 할 결과물은 알겠습니다. 이 일이 어디에 사용될 일인지요?)

"본부장님께 보고드릴 자료이니 이번 이슈만 정리하는 것이 아니라 전체 흐름을 나열할 필요가 있겠죠?"
　(=어디에 사용될지는 알고 있습니다. 완성된 결과물이 어떤 모습이어야 할까요?)

"가이드에 반영하기 위해서는 사업정책팀의 사전 확인도 필요할까요?"
　(=완성된 결과물이 어떤 모습이어야 할지는 이해했습니다. 이를 위해 어떤 단계를 거쳐야 할까요?)

어떤 일이든 미션 문장 그대로를 실행하는 것이 아니라, 맡겨진 업무의 쓰임을 이해하고 이해가 부족하다면 다시금 잘 되물어야 합니다. 그것까지도 우리에게 맡겨진 임무의 일부죠. 되물어볼 용기도 올바른 결과물을 내기 위한 기본이라는 것을 잊어서는 안 됩니다.

되물어볼 용기

Q. 맡은 업무의 목적과 쓰임을 분명히 알고 있나요?

Q. 되물을 때 나는 어떤 방법으로 질문하고 있나요?

숲을 보는
사람

되물어볼 용기를 통해 일의 전체 맥락을 파악하는 사람은 지시받은 일만 완수하는 직원보다 업무에 더 큰 영향을 끼친다. 당연하게도 일 잘하는 사람으로 인정받을 가능성이 높다. 리더의 지시사항 한 줄을 잘 수행해낼 수 있도록 도와줄 뿐 아니라 한 줄 너머의 의미도 파악하게 도와주기 때문이다. 일의 맥락을 파악한다는 것이 일에 어떤 영향을 미치는지, 정확히 알려주는 직장인 E의 사례를 소개하고 싶다.

공연기획자로 일했던 직장인 E는 커머스 스타트업으로 이직하게 되었다. E의 능력을 높이 평가한 대표는 E가 기존에 해본 적 없던 마케터 역할도 함께 해보지 않겠냐고 제안했고, E는 커리어에 도움이 될 거라는 생각으로 기쁘게 임했다. 하지만 처음 맡아본 마케팅 업무인 만큼 결과물이 기대에 못 미쳤는지 그때마다 대표는 "E 님, 나무를 보지 말고 숲을 보세요."라고 조언했다.

> "단순히 이 일만 보지 말고 더 넓게, 이 일을 왜 해야 하는지를 생각해주세요."

일의 전체 맥락을 파악하고 일하라는 의미였던 것이다. 숲을 보는 훈련이라 말할 수 있을 정도로 모든 일에 있어 숲의 피드백은 계속되었고, E는 모든 일에 숲의 이론을 적용하려 부단히 노력했다.

이후 E는 여러 사정으로 이직을 하게 되었다. 이직하기 전에 지인의 부탁으로 일주일간 아르바이트를 하게 되었는데, 아르바이트하게 된 회사는 온라인 강의를 운영하는 교육회사였다. 맡겨진 업무는 수강생에게 직접 전화해 몇 가지를 설문하고, 그 내용을 정리하는 일이었다. 회사로부터 받은 정리 형식은 수강생들이 ① 수강했던 강의명 ②이후 타 수업 추가결제 여부 ③추가결제을 했다면 왜 했는지, 안 했다면 왜 안 했는지의 사유를 쓰는 세 열로 구성된 표였다.

수강했던 강의명	타 수업추가 결제여부	사유
퍼포먼스 마케팅	Y	
보고서 작성법	N	
커뮤니케이션 강좌	Y	

정해진 파일대로 내용을 채우려던 E는 곰곰이 생각에 빠졌다.

'이 파일을 통해서 알아내고 싶은 게 뭘까?'

엑셀 시트 내 수강목록은 퍼포먼스 마케팅 수업, 보고서 작성법 강의, 커뮤니케이션 강의 등이 섞여 있었고, 표의 정보가 너무나 광범위해 파일을 다 채운다고 한들 한눈에 알 수 있는 정보가 딱히 없을 것 같다는 생각이 들었다. E는 업무를 지시한 매니저에게 다시 질문을 던졌다.

"혹시 이 파일을 통해 확인하고자 하는 가설이 어떤 것인지 여쭤봐도 될까요?"

매니저는 흠칫 놀란 얼굴을 하곤 횡설수설 대답했다. (아마 매니저 역시 업무를 지시받은 중간관리자일 뿐이고, 그녀도 비둘기와 같이 업무를 전달만 했기 때문에 이렇게 놀랐을 거라 생각된다.)

"…그래서 저희가 궁금한 것은 완강하지 않은 수강생들이 추가 결제할 확률이 적은 건 알겠는데 그 이유가 정확히 무엇 때문인지 수강생들의 목소리를 생생하게 듣고 보다 정확한 수강 후기를 알고 싶어서에요."

E는 매니저의 답변을 듣고 자리에 돌아와 고개를 갸우뚱했다. 그들이 알고 싶은 것이 결국 '완강률과 재수강 여부가 어떻게 연관되어 있는가'라면, 이 파일 형식으로는 알 수가 없다고 생각했기 때문이다.

그래서 E는 그들이 원하는 궁극적인 목적인 '완강률이 낮은 이유, 재수강과의 연결 관계'를 잘 알려줄 수 있는 파일을 만들기 위해 매니저가 전달해준 파일에 '완강 여부, 강사 만족도, 가격 만족도'를 추가했다.

수강했던 강의명	완강 여부	강사 만족도 상/중/하	가격 만족도 상/중/하	타 수업 추가 결제여부	사유
퍼포먼스 마케팅				Y	
보고서 작성법				N	
커뮤니케이션 강좌				Y	

그렇게 표에 몇 가지 열을 추가한 E는 설문 조사로 모든 열을 채운 뒤 수업 별 강사 만족도와 가격 만족도가 완강률과 재수강에 어떻게 영향을 미쳤는지에 대해 정리하여 보고하였다.

E는 이 일을 끝마쳤을 때 본인이 귀가 따갑도록 들어왔던 숲의 이론을 업무에 적용했다는 걸 깨달았다. 일을 하기 전에 이 일의 전체 맥락을 파악하고, 그 맥락에 있어서 자신에게 맡겨진 일이 그 목적을 달성하는 데 충분한지를 생각하고 충분하지 못하다면 스스로 업무를 보완하는, 숲을 보는 훈련의 결과가 여실히 드러난 것이다. E는 숲을 보는 훈련이 없었다면 주어진 파일만 그대로 채웠을 거라 말한다. 하지만 숲을 보라던 대표의 말이, 일의 전체 맥락을 늘 파악하라던 그 말이 결과물에까지 영향을 미쳤다고 말이다.

여담으로 일주일의 아르바이트를 끝낸 E에게 해당 회사에서 함께 일하지 않겠냐는 제안이 왔다. 다른 아르바이트생들도 있었지만, 오직 E에게만 벌어진 일이었다. 그 차이는 분명 숲을 보고 일을 진행한 E의 결과물에서 나온 것이라고 생각한다.

일의 맥락을 파악하고 일하기

'일머리가 있다.'라는 말은 일의 맥락을 파악하고 일한다는 말과 동일합니다. 더 나아가 맥락을 파악하는 데 그치지 않고 내게 맡겨진 일이 그 맥락에 맞는지를 판단해서 업무를 재구성하는 것까지가 일머리라고 할 수 있겠죠. 업무의 맥락을 판단하기 위해서는 아래의 항목들을 떠올릴 필요가 있어요.

1. 이 업무의 목적이 무엇인가
2. 이 업무를 통해 어떤 결과물이 예측되는가
3. 예측된 결과물과 목적이 매칭되는가

우선 가장 중요한, 일의 목적을 떠올려야 합니다. 이 업무를 왜 하는지, 어떤 목적으로 사용될 업무인지를 파악하는 것이 무엇보다도 중요하겠습니다. 목적을 알아야만 업무의 방향을 잡을 수 있으니까요. **앞서 들었던 사례에서의 일의 쓰임은 완강률과 재수강의 상관관계를 확**

인하고 완강률을 높이고자 하는 게 목적일 거예요.

　그다음엔 업무를 통한 결과물을 예측해보는 겁니다. 앞의 예에서 수정되지 않은 표는 수업 별 학생들의 재수강 여부와 사유가 나열된 결과를 얻을 수 있었을 겁니다.

　마지막으로 그 예측된 결과가 목적과 일치하는지를 살펴봐야 합니다. 이 일의 목적은 '완강률과 재수강의 상관관계를 확인하고 완강률을 높이기'였습니다. 하지만 예측될 결과는 그저 재수강하거나 재수강하지 않은 이유를 나열한 글에 그치는 결과물이니 그 목적을 달성할 수 없는 결과를 가져왔겠죠. 그렇기 때문에 목적에 맞도록 완강률과 재수강률의 연결고리를 알 수 있는 표로 재구성할 필요가 있었습니다.

　맡겨진 일이 나무라고 했을 때 숲을 보라는 말은 지시 받은 업무를 곧이곧대로 이해하기보다는 그 업무의 쓰임을 분명히 알고, 결과물을 미리 예측해 업무를 재구성하라는 말과 같아요. 일머리 있게 일한다는 것은 생각보다 능동적인 노력이 필요한 일임이 분명합니다.

Q. 맡겨진 일, 나무만 생각하고 있진 않나요?

Q. 일의 맥락, 숲을 떠올렸다면 쓰임새가 충분한 업무를 하고
있는지 스스로 판단해 봅시다.

프로의
커뮤니케이션

한때 일잘러의 커뮤니케이션이란 날카롭고 예리해야 한다고 생각한 적이 있다. 남들이 못 본 어느 포인트를 집어내고 예리하게 반문하는 그런 능력자. 하지만 주변의 일잘러들을 떠올려보면 프로의 커뮤니케이션이란 오히려 상대방을 위한 배려가 가득 묻어나는 커뮤니케이션이란 사실을 금세 알 수 있다.

프로들의 커뮤니케이션에는 몇 가지 공통점이 있는데, **그중 하나는 '왜'라는 단어를 사용하는 대신 다른 말로 돌려서 얘기하는 것이다.** 업무를 하다 보면 머릿속에 '왜'라는 질문이 끊임없이 생긴다. 왜 하는지, 왜 이렇게 해야 하는지, 왜 그때까지 해야 하는지 등. 하지만 '왜'로 시작하는 대화만큼 상대방의 오해를 사기 쉬운 대화가 없다. '이거 왜 해야 하나요?' = '왜 이런 불필요한 걸 내가 해야 하나요?'와 같이 왜곡되어 느껴질 수 있다. 그러나 커뮤니케이션을 잘 하는 프로들은 '왜' 대신 다른 커뮤니케이션 방법을 선택한다.

"왜 물어보시나요?" → "혹시 여쭤보시는 이유를 알 수 있을까요?"
"왜 그때까지 해야 하나요?" → "마감 기한이 그때까지인 이유를 조금 더 설명해주실 수 있을까요?"

좋은 커뮤니케이션이란 상대방이 어떻게 받아들일지를 고민하여 상대방 입장에서 오해를 사거나 기분이 나쁠 수 있는 경우의 수를 줄이는 것이다. 번거롭더라도 '왜'라는 직선적인 커뮤니케이션이 줄 수 있는 오해의 길을 피하는 것이 좋다.

두 번째 공통점. 프로들은 상대방의 커뮤니케이션과 나의 커뮤니케이션이 같은 의미를 내포하는지 반드시 확인한다.

"자, 그럼 회의를 마무리해볼까요?"
"네. 그럼 기획팀이 문서를 주시면 저희가 디자인 파일 드리는

걸로.”

“네? 디자인 시안을 먼저 보내주신다고 하지 않으셨어요?”

직장인이 가장 많이 쓰는 단어 중 하나가 '커뮤니케이션 오류'다. 컴퓨터도 아닌데 자꾸 오류가 난다. 1시간, 2시간을 같은 회의실에서 화기애애한 분위기에 웃으며 같은 단어에 끄덕이다가도, 회의가 끝나면 '아니 그게 아니지.' 잘못된 걸 깨닫고는 회의록을 열심히 뒤져 누구의 책임인지 찾아내려 애쓴다.

사람마다 머릿속에 생각하는 바가 달라 조금이라도 애매한 표현을 사용했다가는 그 차이에서 비롯된 오류를 걷잡을 수 없게 된다. 예를 들어 보라색을 사용해달라고 말할 때, 내가 생각하는 보라색은 당연히 핑크빛이 도는 러블리한 보라색인데 상대방이 떠올리는 보라색은 시원한 파란색이 감도는 보라색일 수 있다. 그리고는 결과물을 보며 서로 왜 보라색이 아니냐며 기겁을 한다. 이런 업무의 오류를 이해하고 일하는 사람들은 항상 상대방도 자신과 똑같이 이해하고 있는지 중간중간 확인하는 커뮤니케이션을 한다.

“제가 지금 올바르게 이해하고 있는지 들어봐 주세요.”

“지금까지의 내용을 서로 똑같이 이해한 건지 한번 체크하고 갈게요.”

동료가 나와 같은 전제를 가졌다고 해서 나와 같은 이해를 하고 있다고 생각했다간, 업무는 다이내믹한 방향으로 흘러가게 된다. 그러니 대화의 중간과 끝에 내용을 정리하여 모두가 제대로, 동일하게 이해했는지 확인해야 한다. 결국 타인과의 협업을 원활하게 만들어 주는 건, 오류를 최소화하는 커뮤니케이션이다.

세 번째 공통점. 프로들은 상대방이 가장 궁금해할 결론부터 말한다.

"팀장님! 사업전략팀에 가능 여부를 확인해봤는데요, 우선 현재 정책에서 벗어나는 범위는 아니나, 타사의 경우에도 금지하고 있으며, 현재 정책을 변경하기 위해서는 법령 확인이 필요하고⋯."
"아, 그래서 된다는 거예요, 안된다는 거예요!"

바쁘디바쁜 직장 생활에서 결론에 도달하기 전까지 주절주절 시간순으로 얘기했다가는 단번에 일 못하는 사람으로 찍힐 수 있다. 결론부터 말한다는 의미는 상대방의 시간을 절약해주려는 의도에서부터 출발한다. 그러기 위해서는 핵심 메시지를 먼저 전하는 습관을 들여야 한다. 물론 서론도 중요하겠지만 상대방 입장에서 정말로 궁금한 게 무엇일까를 고민하는 습관이 필요하다. 결론을 말해준 뒤 더 궁금한 것, 더 알아야 할 것은 그 뒤에 말해줘도 늦지 않다.

> "팀장님. 사업전략팀에 가능 여부 확인 결과, 요청사항을 반영하기 어렵겠다는 피드백을 주셨습니다. 그 이유는…"

결론부터 말하기

직장의 일이라는 것이 결국은 모두 커뮤니케이션으로 시작되고 끝이 납니다. 회의, 보고와 같은 대면 커뮤니케이션부터 메신저, 메일, 보고서와 같은 비대면 커뮤니케이션까지. 우리는 온종일 커뮤니케이션을 하기 위해 모여있는 거죠.

일상의 커뮤니케이션과 직장에서의 커뮤니케이션은 다를 수밖에 없습니다. 일상에서는 꽤 유머러스하게 말을 잘 이어가던 사람도 직장에서는 이상하게도 말을 버벅거리거나 설득력 있게 말하지 못하기도 합니다. **직장의 언어에는 잘 짜인 구조와 배려가 필요해요.**

친구와의 대화에서는 '기-승-전-결'로 이야기꾼처럼 이야기를 풀어나가도 무방하지만, 직장에서 그렇게 커뮤니케이션하다가는 빵점짜리 대화가 되기 쉽죠.

직장에서의 커뮤니케이션은 상황에 맞게 '결-기-승-전' 순이 될 수도 있고, '기-결-승-전' 순이 될 수도 있습니다. 기승전결 모두 필요없이 '기-결' 또는 결론만 필요한 대화가 될 수도 있죠. 그 판단은 상대방이 이 상황에 대해 얼마나 알고 있고, 상대방이 궁금해할 내용을 얼마나 빠르게 전달해야 하느냐에 달려있습니다.

간단한 예로 2022년 공지사항에 대해 팀장님께 확인받은 후, 전 직원에게 공지를 해야 하는 상황을 한 번 상정해볼까요? 팀장님은 이미 상황에 대해 모든 걸 파악하고 있다고 가정했을 때, 아래와 같이 말을 한다면 어떨까요?

> "팀장님, 코로나 시대에 발맞춰 예전보다 더 많은 분이 상담의
> 도움을 받으실 수 있도록 기획했고, 2021년 전 직원에게
> 연간 10회 무상으로 지원했던 심리상담 프로그램을 총무팀의
> 예산 승인을 받아 2022년에는 전 회차 무상 지원하는 것으로
> 공지하려 합니다."

깔끔한 기승전결의 커뮤니케이션이지만 이미 상황을 알고 있는 팀장님에게는 다소 불필요하고 답답한 커뮤니케이션이 될 수 있습니다. 팀장님이 궁금해할 내용은 '그래서 총무팀 승인을 받아왔는가?'일 테니까요. 팀장님에게는 결론만 언급할 필요가 있겠죠.

"총무팀 예산 승인을 받아 2022년 심리상담 프로그램은
전회차 무상 지원하는 것으로 공지하려 합니다."

　전 직원들에게 전체 공지를 할 때 역시 가장 궁금해할 '정책이 어떻게 변경되는가'에 초점에 맞춰야 합니다.

"2022년 심리상담 프로그램은 전 회차 무상 지원으로
변경됩니다. 코로나 시대에 발맞춰 예전보다 더 많은 분이
심리상담에 도움을 받으실 수 있도록 기존 10회 무상 지원되던
심리상담을 2022년부터 전회차 무상 지원하오니
많은 이용 바랍니다."

　이처럼 직장의 언어는 결론부터 말하고 배경을 말해야 합니다. 상대방이 얼마나 알고 있는가, 특히 상대방 입장에서 무엇을 가장 궁금해할 것인가를 끊임없이 생각해야 할 필요가 있습니다.

　직장에서의 커뮤니케이션에는 일상의 커뮤니케이션 못지않은 많은 배려가 필요합니다. 안타깝게도 커뮤니케이션이 의도와는 다르게 표현될 때가 많으니까요.
　같은 말을 전하더라도 그 표정과 눈짓이 전하는 뉘앙스가 또 다른 커뮤니케이션을 생성합니다. "당연하죠!"라는 긍정적인 대답이 그 대

답의 뉘앙스 하나만 잘못되어도 '당연한 걸 왜 굳이 말하냐.'라는 식으로 잘못 느껴질 수 있는 답변이 되어버리기도 합니다. 한마디를 하더라도 상대방이 어떻게 느끼게 될지를 고려하며 말을 할 필요가 있겠습니다. 결국 직장인의 커뮤니케이션은 상대방을 얼마나 배려하는지에 따라 프로가 될 수도, 아마추어가 될 수도 있는 것입니다.

결국 일은 사람과 사람이 하는 것이죠. 사람과 사람은 커뮤니케이션으로 연결되니, 커뮤니케이션을 잘하지 않고서는 일을 잘했다고 평가하기 힘든 것이 당연한 일일지도 모르겠습니다.

📝 **생각해볼 거리**

Q. 나의 커뮤니케이션 점수는 어떠한가요?

_____

_____

Q. 원활한 커뮤니케이션을 만들어내는 일잘러의 커뮤니케이션 특징을 떠올려봅시다.

_____

_____

어떻게
원하는 것을 얻는가

한창 업무 역량을 키우고 싶을 때,《어떻게 원하는 것을 얻는가》를 읽었다. 20년 연속 와튼스쿨의 최고 인기 강의를 담은 책으로 2011년 출간되었지만 지금까지도 많은 이들이 읽는 스테디셀러다. 직장인에게 도움이 되는 내용이 많지만, 그중 직장인이었던 나의 삶에 영향을 준 것은 바로 이 한마디였다. **'원하는 것을 얻으려면, 얻을 수 있게끔 말을 하라.'** 당연해 보이는 말이지만, 이렇게 하기 위해서는 대단한 인내와 고민이 필요하다.

이 핵심 내용을 실제로 내 업무에 접목한 경우가 있었는데, 사건의 시작은 이랬다. 첫 번째 회사에서의 일이었다. 상품 디자인 1차 시안이 나오면 영업팀의 수정 요청사항을 받아 시안 수정 후 상품을 출시하는 프로세스였는데, 영업조직에서 정해진 기간 내 한 번의 피드백을 줘야 하는 기존의 프로세스와는 다르게 너무 잦은 피드백이나 너무 늦은 피드백을 줘, 디자인팀의 업무 처리가 꼬이는 바람에 원활한 상품 출시가 되지 않는 문제가 발생한 것이다.

영업팀과 운영팀의 리더로부터 디자인 수정 기한과 횟수를 제한하는 정책을 마련하라는 미션이 떨어졌고, 나는 운영팀의 대표로, 영업팀에서는 P가 대표로 나서 함께 정책을 마련해야 하는 상황이었다. P와 나는 데이터를 기반으로 세부 정책을 논의 후 발표했다. 기존에 자유롭게 수정 요청을 했던 것에 비해 기간 및 횟수가 줄어드니 영업 측의 볼멘소리가 나왔지만, 목표했던 안정적인 상품 출시는 성공적으로 이뤄졌다.

그러던 어느 날 전화를 한 통 받았다. 영업팀 사원이었다. 그는 새로 변경된 이 정책이 불편하다는 불만을 터트렸다. 나는 기존에 비해 불편하겠지만 안정적인 상품 출시를 위해 필요한 정책임을 설명했다. 그러자 그는 퉁명스러운 목소리로 "P 님이 그러는데 마라 님이 만든 이 정책 별로라는데요?"하고 전화를 끊어버리는 게 아닌가.

전화기를 붙잡고 한참을 멍하니 있었다. 아니 이게 무슨 말도 안 되는 업무 매너이며, 그리고 P? P는 나와 같이 정책을 만든 사람인데 왜 그렇게 말했지? 하는 생각에 화가 머리끝까지 치밀기 시작했다. 당장 전화를 건 영업사원과 P의 자리로 가서 손가락질 하며 '왜 그렇게 말했냐' 따지고 싶었지만 그렇게 하면 속은 시원할지언정 일의 근본적인 해결은 되지 않을 것 같았다. 어떻게 하면 내가 원하는 것을 얻을 수 있을까. 결국 내가 원하는 것은 이 정책이 운영조직의 독단적인 결정이 아닌 영업조직과 함께 공동의 목표로 만들어진 정책임을 내가 아닌 P가 영업조직에 설득하는 모습이었다. 자리에서 한참을 고민하던 나는 P에게 메신저를 보냈다.

"P님, 잠깐 시간되시면 회의실에서 뵐 수 있을까요?"

P는 뭔가 이상함을 직감했는지 어색한 표정으로 회의실로 들어왔다.

"제가 오해를 할 수도 있는 일이 생겨서 말씀드리려고요. 제가 오늘 전화를 한 통 받았는데, 이상하게도 그분은 이 정책을 제가 혼자 만든 것처럼 말씀하셨고, P 님이 이 정책에 문제가 있다고 했다던데 정말일까요? 저희가 같이 충분히 논의 후 동의했다고 생각했는데, 혹시 수정할 게 있다면 말씀해주세요"

P는 당황한 표정을 감추지 못했다. "아니 그게 아니고… 아니, 그 전화 누구야? 누가 그랬어?"

누가 전화했는지는 중요한 게 아니고 정말 그렇게 생각하시는지가 궁금하다, 필요하면 같이 수정하는 것이 중요하다고 말했다. P는 어깨를 축 늘어뜨리고는 "아니… 다들 볼멘소리 하니까 옆에서 맞장구 좀 쳐주다 보니 그렇게 됐네… 미안해. 정책에 대해서는 이견 없어… 내가 영업팀에 다시 잘 얘기할게."라고 했다.

자리에 돌아와서도 화가 한동안 가라앉지 않았지만, 그 뒤로 영업팀에서 불만의 소리가 나오는 일은 없었다. 영업팀 내부에서 잘 설득이 되었기 때문이다.

업무를 하다 보면 감정이 치솟을 때가 분명히 발생한다. 그럴 때 다시 한번 입을 꾹 닫고 생각해보자. **'내가 정말로 원하는 이상적인 모습은 무엇일까? 이렇게 말하면 내가 정말 원하는 것을 얻을 수 있을까?'** 원하는 것을 얻기 위해서는 원하는 것을 얻을 수 있도록 커뮤니케이션 해야 한다. 이러한 생각이 우리를 더 현명한 길로 이끌어줄 것이다.

그런 일이 없었으면 좋겠지만, 직장에서 감정을 드러내게 되는 상황들이 더러 발생합니다. 그럴 때마다 떠올려야 할 생각은 두 가지입니다.

'내가 궁극적으로 원하는 것이 무엇인가?'
'내가 이 말을 뱉으면 궁극적으로 원하는 것을 얻게 되는가?'

이렇게 생각하고 나면 방금 감정적으로 뱉으려 했던 말이 대부분 원하는 것과 반대되는 결과를 초래해서 그저 감정을 해소하는 것에 그치고 마는 말이었다는 것을 깨닫습니다.

리더를 맡았던 시절, 팀원들과 면담을 해보면 궁극적으로 원하는 바를 얻기 위해 커뮤니케이션하는 팀원과 감정을 그대로 드러내는 팀원으로 극명하게 갈렸습니다. 한 팀원에게 힘든 일이 있냐고 물었을 때의 일인데요. 평소에도 표정으로 불만을 드러내곤 하던 그는 면담을 시작하자마자 기다렸다는 듯 불만을 표출했습니다. 이 일은 왜 해야 하는지 모르겠고, 일이 몰릴 때는 너무 몰리고 없을 땐 너무 없어서 불만이고, 팀원들도 단합이 부족한 것 같고, 팀의 말이 대외적으로 힘이 없는 것 같아서 불만이라면서요. 줄줄이 내뱉은 팀원 불만을 들은 저는 다시 되물었습니다. "그래서 A 님은 어떻게 하고 싶으세요? 제가 어떻게 도와줬으면 좋겠어요?"

팀원은 "아니, 당장 뭘 딱 어떻게 하겠다는 건 아니고… 이런 부분들이 불만이니 알아주셨으면 좋겠고…"라며 말을 흘렸습니다. 그가 면담을 통해 얻고자 했던 건 정말 '당신이 알고만 있으면 된다.'였을까요? 그저 감정적으로 쏟아낸 커뮤니케이션을 한 것일 뿐, 정작 불만 사항에 대한 해결방안을 얻어낸 커뮤니케이션은 아니었던 겁니다.

만약 '이 일을 왜 해야 하는지 모르겠다.'가 불만 사항이라면 궁극적으로 내가 원하는 것이 무엇인지, 내가 이 일을 담당하지 않았으면 하는 것인지, 혹은 일의 목적을 분명히 알고 했으면 좋겠다는 것인지를 스스로 파악하고 커뮤니케이션할 필요가 있었던 거죠.

'제가 이 업무와 잘 맞지 않다고 생각하는데 담당자를 다시 한번 고려해주실 수 있을까요?'

'이 업무의 목적성을 잘 인지 못 하겠는데, 다시 한번 설명해주실 수

있으실까요?'

이렇게 커뮤니케이션을 했더라면, 대화는 실질적인 결과를 얻을 수 있는 방향으로 흘러갔을 테죠.

감정을 배제하고 커뮤니케이션을 한다는 것은 참으로 어려운 이야기입니다. 일상이라면 감정을 해소하는 커뮤니케이션도 필요로 하겠지요. 하지만 직장에서는 조금 더 현명한 커뮤니케이션이 필요합니다. 내가 궁극적으로 원하는 바를 얻는 커뮤니케이션을요.

📝 생각해볼 거리

Q. 내가 궁극적으로 원하는 것은 무엇일까요?

Q. 어떻게 말해야 원하는 것을 얻을 수 있을까요?

손으로 하는 커뮤니케이션, 보고서

직장인의 의사소통 중 큰 부분을 차지하는 것이 바로 손으로 쓰는 커뮤니케이션인 문서다. 《실무에 바로 쓰는 일잘러의 보고서 작성법》을 출판한 뒤 여러 경로로 접하는 독자들의 피드백을 들으며 이놈의 문서가 얼마나 많은 이들을 괴롭히는지 다시금 되새길 수 있었다. 나 역시 실무에서 언제나 상사 구미에 맞는 백 점짜리 보고서만을 작성하는 것은 아니지만 문서에 대한 스트레스만큼은 적다고 말할 수 있다.

신입 시절부터 좋은 문서를 만들었던 것은 아니다. 빈 문서를 앞에 두고 머리를 싸매기도 하고, 어렵게 만든 문서가 갈아엎어지기도 했다. 이러한 과정을 거치며 현재는 나만의 뚜렷한 노하우가 생겼는데, 그 노하우를 다지기까지 도움이 된 몇 가지 말이 있다.

1. 문서는 글이 아니다.

문서가 없어도 우리의 일상은 잘 돌아간다. 마찬가지로 사실 회사에서 발생하는 모든 일 역시 문서 없이도 잘 이뤄질 수 있다. 하지만 상대가 너무 많거나, 전할 내용이 너무 길거나, 이미지를 함께 보여주고 싶을 때, 말보다 더 효과적으로 전달하기 위해 사용하는 도구가 문서이다.

문서는 대단히 어렵고 까탈스러운 글짓기라고 생각하기보단 손으로 하는 커뮤니케이션이라 생각하는 편이 좋다. 손으로 하는 커뮤니케이션이라고 하면 우리에게 너무나도 익숙한 것이 있지 않은가. 메신저가 그렇다. 메신저 쓸 때 글짓기를 한다고 생각하는 사람은 없지 않겠는가? 문서 역시 그렇다. 대화하듯 적힌 문서는 읽는 사람으로 하여금 술술 읽을 수 있도록 만들어준다.

문서가 글이 아니라, 말이라고 생각한다면 무엇이 달라질까. 더 쉽게는 문서가 아니라 메신저로 보고한다고 생각한다면 무엇이 달라질까. 우리는 메신저로 보고할 때 늘 상대방과 전할 메시지를 생각한다. 하지만 문서를 작성할 때는 '기획안이니까 기획한 내용을 담아야겠지'라고 갇힌 생각을 하고 만다. 분명 누군가에게 무언가 말을 전하기 위해 기획안을 작성하는 것임에도 불구하고 말

이다. 상대방과 메시지를 생각하지 않은 채 글을 써 내려간다면 상대방을 충분히 이해시키거나 납득시킬 만한 문서가 되기보다는 그저 정보를 담은 보고서가 되고 만다는 점을 기억해야 한다.

2. 문서에는 양식과 법칙이 없다.

문서에 양식과 법칙이 있다는 고정관념을 가지면 문서가 어렵게 느껴지기 시작한다. 아직도 포털사이트에 보고서 양식을 검색하는 사람이 많듯 어딘가에 프로들만의 양식과 법칙이 있을 거라 생각하기 쉬운데, 결론부터 말하자면 그런 양식과 법칙은 어디에도 없다. 설령 어디선가 양식과 법칙을 내려받거나 그대로 내용을 채우더라도 좋은 피드백을 받기는 힘들다. 내게 닥친 상황이 매번 다르기 때문이다.

말을 하거나 메신저를 보낼 때 그때그때 상황에 따라 다르게 커뮤니케이션하듯, 문서 역시 상황에 따라 다르게 커뮤니케이션해야 잘 전달된다. 상황을 고려하지 않고 정해진 양식과 법칙에 맞춰 작성한 문서는 로봇같이 일방적으로 읊어대는 것과 같아질 뿐이니까.

3. 유치원생에게 말하듯 전달하라.

나보다 더 경험이 많은 팀장님과 부장님에게 유치원생을 대하듯 문서를 쓴다는 게 어색하게 들리겠지만, 유치원생의 알림장을 떠올려보자. 내일의 준비물이 어려운 단어들로만 빼곡히 적혀있다면 아마도 읽지 못할 것이다. 문서 역시 내가 전달하고자 하는 말이 상대 관점에서 얼마나 쉽고 빠르게 이해되느냐에 따라 올바른 문서, 틀린 문서로 갈리게 된다. 올바른 문서를 작성하기 위해서는 문서의 모든 요소를 상대방 입장에 서서 작성해나가는 것이 중요한 것이다.

마치 유치원생에게 하나만 인지시켜도 충분한 것처럼 문서 한 장에서도 한 마디만 전달할 수 있으면 충분히 좋은 문서가 된다. 그러기 위해서는 내가 전하고자 하는 많은 내용 중 핵심 메시지를 뽑아 눈에 띄게 담아줄 필요가 있으며, 나머지 설명은 필요하다면 읽을 수 있도록 담아준다. **여기서 중요한 것은 핵심 메시지와 설명은 구분되어야 한다는 것이다.** 너무 많은 내용을 강조하면 아무것도 전달되지 않는다는 점을 기억해야 한다. 또, 글보다 쉬운 이해를 할 수 있도록 핵심 메시지를 시각화해준다면 더욱 빠르고 쉽게 이해되는 문서를 만들 수 있다.

결론은, 그동안 문서를 양식에 채워 넣는 글짓기라고 생각했다면 이젠 그 고정관념을 없애야 한다는 점과, 문서는 보고 듣는 상대방을 중심으로 생각해야 한다는 것이다.

바쁘고 게으른 직장인을 위한 한마디

수많은 수강생의 얘기를 들어보면 "문서 작성을 배울 곳이 없다." "문서 작성해도 매번 나쁜 피드백만 받는데 어딜 수정해야 할지 눈앞이 캄캄하기만 하다."와 같은 한숨이 여전히 들려옵니다. 그럴 때마다 꼭 말씀드리고 싶은 것은 '문서에는 정해진 양식과 법칙이 있다.'는 생각에서 탈피해야 좋은 문서를 만들 수 있다는 이야기에요.

커뮤니케이션할 때마다 상대방이 얼마나 알고 있는지, 상대방이 무엇을 가장 궁금해하는지에 따라 그 이야기가 달라짐에도 문서는 유독 정해진 양식과 법칙에 따라 기재를 해야 한다고 생각하죠. 그러니 양식과 법칙에 맞춰 이야기하는 순간, 지루하거나 답답한 이야기의 흐름이 될 수밖에요.

저 역시 처음부터 문서 작성에 대해 자신감이 있었던 것은 아닙니다. 여러 번의 시행착오 끝에 저만의 노하우가 생긴 후에야 문서를 읽는 사람의 필요를 충족시킬 만한 방법을 찾았달까요.

그 실력을 쌓는 데 있어 시발점이 되었던 한마디는 **'유치원생에게 말하듯이 전달하라.'**는 말이었습니다. 상대방에게 한마디만, 바쁘고 게으른 직장인에게 내가 전달하려는 핵심 메시지 한마디만 전해도 성공적인 커뮤니케이션이 될 수 있다는 이야기이죠.

그 밑에 필요한 부연 설명을 추가해 넣어 작성하는 습관을 길들였고 거기에 늘 상대방을 생각하며 상대방이 추가로 뭘 궁금해할까, 이야기의 흐름이 말하듯이 매끄러운가를 계속해서 되뇌며 작성하니 탄탄한 문서가 되었습니다. 결국 좋은 커뮤니케이션은 얼마나 상대방을 떠올리느냐에 달린 것이죠.

평소 팀장님이나 부장님에게 대화로는 잘 보고하고 있다면 그 커뮤니케이션 능력을 그대로 문서에 적용해보세요. 문서 역시 커뮤니케이션을 하기 위한 한 도구(Tool)일 뿐이니까요.

 생각해볼 거리

Q. 문서 작성을 양식과 형식이 있는 글짓기라고 생각하진
않았나요?

PART 4

새로운 시작

"

INTRO　　시작은 한 번으로 끝나지 않는다. 이미 시작이 있었다 해도, 언젠가 새로운 시작이 다시 온다. 직장인이라는 존재가 되어 열심히 일을 하고 사람들과 관계도 맺다 보면, 나 자신을 더욱 요긴하게 쓰고 싶다거나 지금의 팀, 회사를 도저히 견딜 수 없다는 이유 등으로 새로운 시작을 결심하기도 한다. 새로운 시작엔 용기가 필요하다. 내 모든 환경과 일상의 변화이기 때문이다. 어떻게 하면 더 나은 선택을, 더 나은 결과를 얻어낼 수 있을까.

"

그럼에도 불구하고
새로운 시작

    친구 K는 한 회사에서 10년을 근속했다. 주위 사람들이 모두 서너 번쯤, 적어도 한 번쯤은 이직하는 동안 자신은 한 번도 회사를 옮기지 않았다는 사실이 K를 불안하게 했다.

    "만약 이직했는데 지금의 회사가 더 좋은 면이 많으면 어쩌지?" 그녀의 걱정이었다.

    그렇다고 해서 현재 회사에 만족하느냐 하면 그것도 아니었다. 그녀가 몸담은 부서의 사업이 회사 내 주요 사업에서 밀리게 되면서 앞으로의 비전 없이 유지, 보수 업무만 가득했고 직장 상사와 동료의 연이은 퇴사로 말도 안 되는 양의 업무를 떠맡아야 했다.

게다가 연봉은 눈물 없인 들을 수 없는 수준이라며 한탄했다. 하지만 갑갑한 자신의 현실보다 더 두려운 것은 겪어보지 않은 바깥세상이라는 것이었다.

"일단 지원을 해봐, 지금 고민하는 건 의미가 없어. 지원해서 붙고 연봉협상까지 가서 그때 현재의 회사와 비교하며 고민해도 늦지 않아. 그리고 말한 대로 이직해서 오히려 더 힘들 수도 있지. 하지만 변화해보지 않으면 지금 회사의 어떤 부분이 참 좋았던 건지, 나빴던 건지 그 비교조차 할 수가 없잖아. 비교할 수 있는 경험이 축적된다는 건 매우 값진 거거든. 경험을 축적했다면 세 번째 회사는 훨씬 너에게 맞는 회사를 찾아낼 수 있다는 거니까."

새로운 시작을 하는 데는 많은 용기가 필요하다. 나를 둘러싼 환경이 송두리째 바뀌는 일이니 말이다. 물론 모든 이직이 더 나은 선택이란 법은 없다. 아차 싶은 선택이 될 수도 있다. **그럼에도 불구하고 새로운 선택을 해야만 하는 순간은 반드시 온다.** 하지만 마냥 두려워만 할 일도 아니다. 새로운 선택을 한다는 건 내가 할 수 있는 일과 할 수 없는 일, 적응할 수 있는 일과 적응할 수 없는 일, 그리고 나도 몰랐던 내 자신을 알 수 있는 길이기도 하니까.

아직은 해보고 싶은 일이 있다거나, 배울 사람이 곁에 있다거나, 내가 하는 일에 맞는 보상을 충분히 받고 있다고 여긴다면 현재에 남을 이유가 충분히 된다. 하지만 모든 옵션에 불만족하고 있고 남은 것은 익숙함 뿐이라면 새로운 시작의 용기를 가져봐도 좋을 타이밍이지 않을까.

A와 B. 최상의 시나리오

생각해보면 남들보다 유독 이직과 부서 이동이 잦았습니다. 10년 동안 3번의 이직을 했고, 그 10년 안에 이직과 다름없는 규모의 부서 이동이 잦았으니까요. 프로이직러, 아니 프로이적러 정도는 되겠습니다.

그런 저도 이직, 이적을 할 때마다 한결같이 생각한 것이 있었습니다. '와… 나 잘못 선택했나?' 정말 한 차례도 빠짐없이요. 낯선 곳에 뚝 하고 떨어져 보니, 모든 것이 잘못되어 보이는 겁니다. 분명 이전 회사, 이전 부서가 너무 고되고 힘들었기 때문에 부푼 꿈을 안고 선택한 다음 회사, 다른 부서이건만, 오히려 '이전 회사에서는 이런 점은 좋았는데….' '이전 부서는 이런 점이 나았는데….'하고 옛 생각이 모락모락 피어오르는 거죠.

첫 회사를 선택했을 때도 별반 다를 건 없었습니다. '첫 커리어가 중요하다던데, 다른 회사에도 더 지원을 해봤어야 했나? 나 잘못된 선택한 거 아냐?' 하는 후회에 불안한 눈동자로 하루하루를 지냈었죠. 이런 게 저뿐만이 아니더라고요. 주변 동료, 지인들을 보면 누구나 똑같습니다. 이직이나 부서 이동 후 즉각 만족하는 사람은 극히 드물어요. 모두 본인의 선택을 불안해하죠.

그럴 때 저는 프로이적러로서 딱 2개월만 기다리라고 합니다. 뭔가 잘못되었다는 생각이 들어도 딱 2개월만 다녀보라고, 그래도 생각이 바뀌지 않는다면 그때 충분히 다른 선택을 할 수 있다고 말이죠.

저 역시 잘못된 선택을 했다는 생각이 들 때면 딱 2개월을 버텨봅니다. 낯설다는 것은 우리를 계속 불안하게 만든다는 걸 알기 때문이에요. 초반에 느끼는 선택에 대한 불안은 객관적이지 않을 수 있습니다.

절대 적응하지 못하고 불편하기만 할 것 같은 직장도 2개월쯤 되면 졸린 눈을 비비고 엘레베이터를 타서, 내 자리에 착석하는 동선이 나름 익숙해지고, 옆자리에 앉은 동료의 옆 모습이 낯설지 않게 느껴지고, 우리 사무실에서 나는 특유의 냄새가 있다는 것도 알게 되고, 일이 어떻게 돌아가는지, 우리 팀장님은 어떤 방식으로 일하는 걸 좋아하는지, 동료들은 그런 팀장님에 맞춰 어떻게 일하는지가 보이게 되죠. 그러다 보면 3개월 차쯤 어느새 사람과 일에 어느 정도 적응을 마치게 되고 그때 비로소 객관적으로 내 선택에 대한 판단이 가능하게 됩니다.

그렇게 2개월이 지나 객관적으로 판단했을 때 내 선택이 잘못되었다고 생각됐을 땐, 후회 없이 다른 선택을 하기로 마음먹었습니다. 현재가 유일한 옵션일 것 같고 다른 길이 없을 것만 같지만, 무엇을 선택하느냐의 차이이지, 선택의 기로는 항상 존재합니다. 혹 이전보다 더 나은 선택을 한 것이 맞다, 지금의 선택에서도 얻을 것이 있다라고 판단된다면 안심하고 현재에 집중하기로 했습니다. 지난 선택을 다신 후회하지 않고요.

사람들은 늘 자신이 선택하지 않았던 것에다 최상의 시나리오를 부여한다고 합니다. 가령 내가 A와 B 중 A를 선택했다면 '내가 그때 B를 선택해야 했는데!' 하면서 아쉬워하지요. 그렇게 얘기할 때는 언제나 그 B를 선택했더라면 최상의 시나리오가 펼쳐졌을 거라고 상상한다는 거죠. 그 길이 최상의 시나리오로 이어진다는 보장도 없는데 말이에요. 그 말이 뼛속 깊이 공감이 되어서 이제는 어떤 선택이 후회될 때마다 '아냐, 내가 지금 상상하는 건 근거도 없고 보장되지도 않는 시나리오야.'라며 그 시나리오에서 곧잘 헤어 나오곤 합니다.

직장생활을 하다 보면 수많은 선택의 기로에 놓이게 됩니다. 지금 하는 일이 계속될 것만 같지만 그러기 쉽지 않아요. 자의로든 타의로든 바뀌게 될 테고, 그때마다 선택의 순간은 도래하게 될 겁니다.

그리곤 선택을 했을 땐 내가 선택을 잘못했나 분명 후회하게 될 거고, 다른 선택을 했다면 펼쳐졌을 것만 같은 최상의 시나리오를 그리며 괴로워하겠지요. 그럴 때마다 우리에겐 약간의 시간이 필요합니다.

나의 선택을 객관적으로 평가할 수 있는 시간이요. 그 시간이 지나면 또 다음 선택의 시간이 올 겁니다. 끊임없이요.

📝 **생각해볼 거리**

Q. 현재에 불만족하는 이유가 충분한가요?

Q. 이유 없는 불안감에 새로운 시작을 두려워하고 있진 않나요?

퇴사를
다짐한 순간

1.

첫 번째 회사를 퇴사한 이유는 보상에 대한 불만과 내 쓸모에 대한 기대감 때문이었다.

당시 나는 본부 리더의 스태프로, 리더 직속이다 보니 일개 사원치고는 많은 권한과 책임을 가지고 있었다. 리더의 유일한 스태프로 2년을 넘게 일한 어느 날 문득, 급여명세서를 멍하니 바라보고 있자니 이렇게 무거운 책임감을 가지고 일하는 것에 비해 연봉이 매우 작고 귀엽지 않나 하는 생각이 들었다.

그렇게 한번 떠오른 생각은 결코 작아지는 법 없이 점점 커졌고, 결국 꾹꾹 참아왔던 이야기를 리더에게 터놓았다. 하는 일에 비해 보상이 적은 것 같다며, 나와 같은 일을 하는 다른 본부의 스태프 연봉과 비교해서 현재 내가 합당한 연봉을 받고 있는지 다시 한번 확인해주면 이후에는 납득하겠다고.

며칠 후 다시금 리더와의 면담을 하게 되었고 리더는 다른 본부 스태프의 연봉 이야기는 하지 않은 채 다가올 연말평가에서 최고점을 주겠노라, 어떻게든 연봉 상승에 힘을 써보겠노라 말했다. 리더가 말한 대로 연말평가에서 최고점의 평가를 받았지만 회사가 지정한 연봉 상승률은 실망스럽기 그지없었다.

그때 바로 퇴사를 생각한 것은 아니었다. 다만 다음 스텝을 생각하게 된 계기가 되었다. 회사가 나를 써먹는 만큼의 값어치를 쳐주지 않는다는 생각이 드니, 한 번도 생각해본 적 없던 다음 스텝을 고민하게 된 것이다.

'만약에 지금의 회사를 퇴사한다면 나는 어떤 회사로 옮겨갈 것인가?'

근속 5년이 다가오는 시간 동안 처음 가져보는 생각이었다. 고민 끝에 내린 답은 스타트업이었다. 팀에 소속되어 전문적으로 한 역량을 기르기보단 스태프로서 넓고 얕게 일을 해왔다고 생각했기에 이 경험들을 잘 써먹을 수 있는 곳은 스타트업이라고 생각했다.

신기하게도 그렇게 다음 스텝에 대한 생각을 굳히자마자 퇴사했던 유관부서 팀장님으로부터 자신이 있는 스타트업에 합류하지 않겠냐고 제안이 왔다. 서비스를 출시하기도 전의 스타트업이었다.

내가 했던 일을 어딘가에 써먹을 수 있다는, 새로운 곳에서 나 자신이 더 잘 쓰일 수도 있다는 기대감이 컸고 쓰이는 만큼의 보상을 받을 수 있겠다는 마음에 퇴사를 결정하게 되었다.

2.

그렇게 옮긴 스타트업에서 다시 퇴사를 생각한 건 회사를 다닌 지 1년 만이었다. 제대로 된 일을 하고 싶다는 게 그 이유였다.

대표는 우유부단한 사람이었다. A가 하는 말에 혹해 일을 진행시키다가도 B가 하는 말에 일을 중단해버리기 일쑤였다. 그러니 어떤 일도 제대로 완료되는 경우가 없었다. 그런 대표의 우유부단함이 직원들을 갈라놓기 시작했다. 같은 생각을 가진 직원들끼리 뭉치면서 소위 말하는 파벌이 생기기 시작한 거다. A그룹은 B그룹을 헐뜯었고 대표는 귀담아들었다. B그룹이 다시 A그룹의 험담을 하면 대표는 설득당했다. 서비스를 오픈하고 앞으로 달려야 할 시기에 직원들은 대표를 붙잡고 누가 더 옳은 말을 하는지 설득하기 바빴다. 세력다툼에 지친 직원들이 여러 차례 썰물이 빠지듯 빠져나가고 새로운 직원이 밀물 들어오듯 들어왔다. 하지만 누가 들어오고 나가든, 같은 일은 반복됐다.

아이러니하게도 일이 너무 하고 싶었다. 출근하면 일보다는 세력다툼 중인 리더들에게 이리저리 불려 다니며 서로의 험담을 듣는 게 하루 일과였으니 말이다. 내가 할 수 있는 일이라곤 대표를 붙잡고 수없이 호소의 면담을 하는 것뿐이었다. 하지만 바뀌는 건 없었고 이렇게 버려지는 시간 동안 나 자신이 도태될 것만 같았다. 해낸 것이 하나 없는, 해낼 수 있는 일이 하나 없는 사람이 되는 게 아닌가 불안했다. 그저 나에게 정상적인 일을 주는 곳으로의 이동이 간절했고, 결국 이직을 결심했다.

3.
세 번째 회사의 퇴사를 다짐한 이유는 나의 무쓸모 때문이었다.

2020년 3월, 리더 A와의 면담을 통해 부서 이동을 결정했다. 그녀는 앞으로 진행할 큰 프로젝트에 내가 가진 역량이 꼭 필요하다고 했다. 그녀의 마음에 든 나의 역량은 문서 작성 스킬과 커뮤니케이션 스킬, 사업적 사고방식이었다. 기존 부서의 팀원들은 나와는 상반되는 장점을 가지고 있어 나와 같은 사람이 꼭 한 명 필

요하다는 것이었다. 그녀의 말을 들으니 이 팀에서 나라는 존재가 정말 쓸모 있을 것 같았다. 그녀라면 날 요긴하게 써먹을 것 같다는 생각이 들었다. 그렇게 몇 차례의 면담과 절차 끝에 어렵게 회사 내 부서 이동을 이뤄냈다.

하지만 이동 1개월 후, 본격적으로 프로젝트 합을 맞추기도 전에 A는 상위리더와의 큰 마찰로 갑작스럽게 퇴사를 해버리고 말았다. 이런 걸 낙동강 오리알이라고 하던가. 기존 부서로 돌아갈 수도 없는 노릇이고 부서 이동은 잘못된 선택인가 싶었다. 날 요긴하게 써줄 거라 믿었던 A가 사라졌으니 난 이곳에서 누굴 믿고 의지하며 따라가야 한단 말인가. 그야말로 혼란에 빠졌다.

곧바로 옆 부서 리더였던 B가 새로운 리더로 이동해 왔다. B는 유관부서였던 만큼 프로젝트에 대한 이해도가 매우 높았고 무엇보다 다행인 것은 내 역량을 매우 긍정적으로 사고 있다는 것이었다. "다른 멤버들과는 차별화된 장점이 있고, 현재 맡은 일을 아주 잘 해내는 친구라고 전해 들었어요." 나의 쓸모를 알아주고 높게 사준다니, 안심됐다.

프로젝트 역시 B의 주도로 아주 빠른 시간 내에 안정기에 접어들었고, 리더 B나 팀원들과의 협업은 즐거웠다. 하지만 그마저도 잠시, 몇 개월 되지 않아 B 역시 상위리더와의 마찰을 견디지 못해 퇴사를 결정하고 말았다. 이번에도 같은 일이 벌어지자 리더 B를 믿고 따르던 팀원들도 하나 둘, 줄지어 퇴사하기 시작했다. '이 프로젝트 맡으면 다 나가네'라는 이야기가 슬금슬금 들려오기 시작했다. 어쩌면 퇴사하지 않는 사람이 무능력해 보이는 느낌이 들기도 했다. 하지만 부서를 이동한지 얼마 되지 않은 시간 내에 벌어진 일들이었고, 아직은 이 팀에서 이뤄낸 내 일이 하나 없다는 생각 때문에 조금만 더 참아내기로 마음먹었다.

새로운 프로젝트 리더로 C가 왔다. C와의 면담을 통해 내가 무슨 일을 하기 위해 이 팀으로 부서 이동을 했는지와 무엇을 잘 할 수 있는지를 말했지만, C는 프로젝트의 완성이 급하다는 이유로 내가 담당하기로 했던 업무를 유관부서로 이관시키고 말았다. 대신 나에게는 다른 업무를 부여했지만 나와 맞지 않는 일들이었다. 맞지 않는 일을 하려니 자신감이 하락했고 자신감이 하락하니 일이 꼬였다. 일이 꼬이니 다시 자신감이 하락했다. 악순환의 고리가 시작된 것이다.

그렇게 연말평가 시즌이 돌아왔고 평가 결과는 참담했다. 1년도 안 되는 짧은 기간 동안 A에서 C까지 세 명의 리더를 거치면서, 처음에는 확신을 안겨주었던 나의 쓰임새가 점점 옅고 희미하게 사그라든 것만 같았다. 앞으로도 리더 C에게 나의 적절한 쓰임새를 각인시키기 어려울 것 같다는 생각이 들었고, 이 조직에서 내가 반드시 필요한 존재인가를 리더 입장에서 떠올려봤을 때 큰 쓸모가 없다는 생각이 들었다. 그 생각이 들었을 때, 나는 퇴사를 다짐했다.

쓰임의 합당함

퇴사의 이유는 수만 가지이겠지요. 저의 경우에는 결국 저를 더욱 잘 써줄 수 있는, 나의 쓸모를 크게 느껴주는 곳을 찾아 헤맨 것 같습니다.

직장인의 최대 고민은 퇴사이다 보니, 아무래도 퇴사에 대한 고민을 쉬이 접할 수 있는데요. 그럴 때 도움이 될 수 있는 질문은 **'내가 합당하게 쓰이고 있는가.'**입니다. 내가 회사에서 제 몫을 해낼 수 있도록 판이 만들어져 있는가, 그 안에서 내가 제 몫을 해냈을 때 충분히 인정받고 있고, 그만큼의 보상을 받을 수 있는가 하는 문제 말이죠. 악독한 직장 상사나 고약한 직장 동료로 인해 퇴사를 다짐할 때도 마찬가지입니다. 우리는 회사에서 제 몫을 해내야 하는데 그 에너지를 다른 곳에 쏟느라 본분을 다할 수 없다면, 합당하게 쓰이는 중이 아니겠지요.

회사를 결정하는 세 가지 요소가 일, 사람, 연봉이라는 말은 결국 같은 선상에 있는 말이라 생각됩니다.

퇴사에는 큰 결심이 필요합니다. 쉽게 결정 내릴 수 있는 일은 아니죠. 흔히 퇴사만 하면 모든 것이 좋아질 거라 오해하기도 쉽습니다만 또 다른 고민거리를 얻게 될 뿐, 모든 것이 좋아지는 일은 아닌 것이 확실하니까요. 그럼에도 불구하고 퇴사를 선택하는 이유는, 내게 제대로 된 1인의 몫이 주어지고 그 가치를 충분히 인정해주는 곳을 어떻게든 찾아내고 싶기 때문일 겁니다.

여러분에게도 질문을 던지고 싶습니다.
현재 제 몫을 해내고 있나요? 그 몫에 합당한 보상과 인정을 받고 있나요? 그리고 그 가치가 점점 오르고 있나요?

📝 **생각해볼 거리**

Q. 지금의 조직에서 쓸모 있게 일하고 있나요?

Q. 내 가치에 합당한 보상을 받고 있나요?

Q. 그 가치가 점점 오르고 있나요?

이직의
기술

누군가 내게 모든 이직 경험이 성공적이었냐고 묻는다면 솔직한 답변으로 매번 지원한 회사에 무탈하게 들어왔기 때문에 반은 성공, 원하는 연봉 협상까진 이뤄내지 못했기 때문에 반은 실패라 말할 수 있겠다. 그렇다면 백 점 만점에 백 점인 이직은 어떻게 해낼 수 있는 걸까? 원하는 회사, 만족스러운 연봉 협상. 모든 걸 이뤄내고 자신을 더 유용하게 쓰고 있는 이직의 달인들에게 얻어낸 성공하는 이직의 기술은 이러하다.

1. 언제 이직을 시도해야 하냐고? 현재의 회사에 만족할 때!

대부분의 직장인은 퇴근 후 술 한잔 기울이며 "이놈의 회사를 때려치우든지!"를 1년 내내 버릇처럼 뇌까리다가, 정말 더는 못 참겠다 싶게 머리 끝까지 차오르는 순간 본격적으로 이직을 시도한다. 하지만 이 시점의 이직은 당장 현실을 벗어나야만 한다는 간절함으로 시야를 좁게 만들고 만다. 지금의 회사만 아니면 어디든 괜찮을 것 같다는 탈출욕에 냉정하게 판단하지 못하고 누가 봐도 더 아쉬운 회사로 이동하거나, 이직할 회사가 제시하는 연봉이 맘에 들지 않아도 혹시나 합격 의사를 번복할까 싶어 자신있게 연봉을 제시하지도 못 한다.

특히 만족스러운 연봉협상에 성공한 동료들은 말한다. **당장 탈출하지 않으면 안 될 때가 아니라, 현재의 회사에 대체적으로 만족할 때, 그야말로 다닐 만할 때 이직 준비를 해야 한다는 것이다.** 그래야 이직할 회사에 자신 있게 원하는 연봉을 제시할 수 있고, 지원한 회사가 원하는 연봉에 맞추지 않을 경우, 아쉬움 없이 현재 회사를 계속 다니면 된다는 것.

성공적인 이직은 지금의 회사가 최악일 때 도피처를 찾아내는 것이 아니라, 만족스러울 때 더 나은 옵션을 찾아 내가 쓰일 곳을 선택하는 것이다.

2. Job Description을 인스타그램 하듯이 즐겨보아야 한다

원티드, 사람인, 링크드인 등 커리어 플랫폼의 채용 정보를 취미처럼 자주 보아야 한다. 뭐 그런 취미가 있느냐고 하겠지만 이직의 의사가 없을 때도 인스타그램처럼 들어가서 관련 직종의 채용 정보를 보면 최근 시장에서 원하는 경력과 역량이 쉽게 눈에 들어오기 때문이다. 시장에서 원하는 희망 요건과 나를 비교하며 충족하는 조건, 충족하지 못하는 조건을 체크리스트처럼 하나씩 지워나가다 보면 내 경력의 강점과 약점을 알 수 있다.

'나중에 이직한다면 아마도 이런 팀에 지원할 텐데… 데이터 분석 역량 우대가 대부분이네.' 최근 업계는 어떤 사람을 필요로 하는지, 내가 이직을 하기 전까지 어떤 역량을 키워야 하는지, 쉽게 체크가 가능하다.

3. 이력서를 주기적으로 업데이트 해야 한다.

이력서를 주기적으로 업데이트하는 데는 중요한 목적이 있다. 2번에서 파악한 시장이 원하는 경력이나 역량에 비추어봤을 때, 과연 내가 그런 쪽으로 가고 있는지, 그 방향을 확인하고 맞추기 위해서이다. 이력서를 업데이트해보면 그토록 바쁘게 직장생활을 해왔음에도 막상 이력서에 적을 만한 굵직한 프로젝트는 없다거나, 다양한 프로젝트에서 많은 역할을 해냈지만 원하는 커리어 방향과는 다르게 흘러가고 있는 경력의 빈 공간을 찾을 수 있게 된다. 빈 공간을 찾았다면 이직 전까지 그 부분을 채울 수 있도록 관련 업무를 자진해서 해야 한다. 지금의 회사를 마지막 회사로 생각하는 것이 아니라면, 지금의 회사에 맞추며 일하기보다 시장에서 원하는 경력에 맞출 수 있는 일을 챙기는 것은 나의 몫이다.

회사에 만족하는 순간, 나는 퇴사를 준비한다

이 대화를 나눴던 자리가 아직도 생생합니다. 그만큼 충격적이었죠. 세 번째 회사에 입사해서 입사 동기들과 옹기종기 모여 티타임을 가졌을 때였습니다. 이야기는 자연스럽게 연봉협상 이야기로 흘러갔고, 모두가 협상이라는 건 없이 회사가 제안하는 연봉에 맞춰 입사했다고 볼멘소리를 하고 있던 와중 한 분이 당당하게 "원하는 연봉협상을 하고 입사했다."고 말했습니다. 그 비결이 무엇이냐고 묻자 그가 답변했죠. 매번 원하는 연봉을 맞춰 입사한 그의 비결은 '**늘 전 회사에 만족할 때 이직 준비를 했기 때문**'이라고요.

그만의 이야기는 아니었습니다. 늘 원하는 회사를, 원하는 연봉에 입사한 다른 베테랑의 이야기 역시 동일했습니다. 그는 이직 생각이 없을 때도 늘 채용 정보를 보며 주기적으로 면접까지 본다고 했습니다. 그럼 시장이 원하는 사람이 무엇인지를 알 수가 있으며, 면접의 감을 잃지 않을 수 있다는 것이죠.

퇴사란 당연히 퇴사하고 싶을 때 해야 하는 것이라는 생각 자체가 잘못된 것이었습니다. 시장은 빠르게 변화하고 있고, 원하는 사람도 바뀌고 있는데 나는 한 회사에서 안정을 추구하다가 어느 날 갑자기 이직 시장에 발을 들이밀려고 하다 보니, 낯설고 두려울 수 밖에요.

최근 저는 노션(Notion)을 통해 이력서를 업데이트하기 시작했습니다. 아직은 이직 생각이 없음에도 말이죠. 여러분도 작은 루틴을 만들어보는 건 어떨까요. 프로젝트가 끝날 때마다도 좋고, 혹은 2~3개월 단위도 좋습니다. 퇴사를 생각할 때 날을 잡아 그간의 이력을 정리하기보다는 차근차근 이력을 정리해 나가는 겁니다. 내 경력에서 무엇이 부족한지, 무엇이 내세울 점인지를 생각해보면서요.

이 작은 루틴이 이직 시장에 몸을 던졌을 때 자신있는 시작이 되어 줄 겁니다.

Q. 최악의 상황에서만 퇴사를 생각하진 않나요?

Q. 이력서 업데이트는 하고 있나요?

커리어 패스라는
길

첫 커리어는 커머스 업계였다. 회사를 바꿔가며 6년이 넘는 시간을 커머스 업계에서 일했고, 그다음 이직 제안을 받은 회사는 콘텐츠 업계였다. 당시의 나는 회사를 당장 때려치우고 싶을 정도였고, 이직 제안이 온 회사에는 함께 일하면 든든할 동료도 있었다. 그리고 무엇보다 새로운 일을 해보고 싶다는 호기심이 가슴 아래에서 스멀스멀 올라오기 시작했다. 하지만 걸리는 건 딱 한 가지. 바로 업계였다. 내 커리어 패스^{Career Path} 말이다. 커리어 패스는 업무 경력 및 성과를 보여주는 경력 기술서다. 당시 나는 경력 기술서에는 한 분야의 경력만 있는 것이 이직에 유리하다고 생각했다. 그러니 기존에 일하던 업계가 아닌 다른 업계를 선택하면 내 경력이 '완전히 꼬여버리는 것 아닌가?'라며 걱정한 것이다.

이렇게 고민이 들 때 가장 좋은 방법은 나보다 더 많은 걸 경험한 선배에게 조언을 듣는 것! 평소 믿고 따르던 20년 경력이 넘는 선배를 붙잡고 고민 상담을 했다. 이직을 할지 말지 고민을 터놓으며 진지하게 나는 커머스 사람인데 어떻게 다른 업계를 할 수 있겠냐고 했고 그 말을 들은 선배는 목을 젖히며 깔깔 웃어댔다.

"야! 네가 무슨 커머스 사람이야!"

지금은 나도 고개를 젖히며 깔깔 웃겠지만, 당시엔 진지했다. 나는 커머스를 사랑하는 사람이자 커머스밖에 경험해본 적 없으니 '커머스 사람'이고, 콘텐츠 업계에 간다면 알아들을 수 있는 말도, 할 수 있는 일도 없을 거라는 두려움이 눈앞을 막았다. 마치 언어를 모르는 미지의 나라로 이민 가서 살라는 것처럼 말이다. 그리고 콘텐츠란 나라로 이민을 가더라도 그 다음 회사는 그럼 어디로 갈지 몰라 콘텐츠 회사와 커머스 회사 사이에서 갈팡질팡하다 내 경력만 꼬여버리는 것이 아닌가 싶었다. 선배는 진심을 담아 이렇게 대답해주었다.

"나는 IT 초창기부터 시작해서 게임, 커머스, 콘텐츠, 음악 등

등 안 한 게 없어. 비단 업계뿐만 아니라 그 안에서 수행한 업무도 딱히 꼬집어 말할 수 없을 만큼 다양하게 했지. 지금 곳곳의 기업에서 리더나 대표를 하는 지인들의 이야기를 들으면 '이것저것' 해본 사람의 역량이 얼마나 값비싸게 처지는지 몰라. **핵심은 무슨 일을 했느냐가 아니라 '똑똑한 사람'은 무슨 일을 하든 잘 한다.'**거든. 그래서 어떤 일을 했든, 한 길을 쭉 판 게 아니라 여러 길을 팠어도 그 안에서 두각을 나타낼 일을 여러 번 해낸 사람이면 더 흥미롭게 보는 거야. 그리고 오히려 오래 일을 하다 보면 한 길만 파기가 더 어려워. 커리어는 약간씩 변하기 마련이잖아. 그러니까 커리어 패스라는 단어를 너무 숨 막히게 생각할 필요가 없어. 다양하게 해봐도 괜찮아."

나는 진짜요? 라며 되물을 정도로 여전히 걱정이 많았지만, 결국 고민했던 회사에 이력서를 넣었다. 그리고 선배의 말처럼 회사의 업무와는 전혀 다른 경력임에도 불구하고 최종 합격했다.

커리어 패스라는 말의 부담과 무게가 얼마나 큰지, 이제는 이 용어를 두고 나보다 낮은 연차의 후배로부터 곧잘 상담 요청을 받곤 한다. "지금까지 기업과 소비자 간의 거래 서비스인 B2C를 기획했었는데 기업과 기업 간의 거래 서비스 B2B를 기획한다면 경력이 꼬이지 않을까요?" 그다음 회사를 선택하는 데 지장이 있지 않을까요? 그럼 나 역시 20년 차 선배가 들려주었던 이야기를 그대로 들려준다. 실제로 경험했기 때문에 자신 있게 말할 수 있다. 나 역시 그렇게 생각했던 때가 있지만 다양한 일을 해본다는 게 얼마나 귀중한 이력이 되는지 모르겠다고, 커리어 패스라는 게 생각보다 그렇게 좁은 길이 아니라고, 어떤 경험이 어떻게 도움이 될지 모르니 더 넓게 생각해도 정말로 괜찮다고 말이다.

불과 얼마 전에도 한 후배의 고민 이야기를 들었습니다. 의료 업계에서 서비스 기획자로 일하고 있던 후배였습니다. 업계의 비전도 확신하고 있고 의료업계 서비스 기획자에 대한 채용 시장의 니즈도 있음이 확실하지만, 본인은 콘텐츠 업계 서비스 기획을 한 번쯤은 해보고 싶다는 점이 고민이라고 하더라고요. 무엇 때문에 망설이냐고 물으니, 역시나 커리어 패스에 대한 고민이었습니다. 커리어가 중구난방이 되지 않을까, 그동안 쌓아온 의료업계에서의 커리어가 물거품이 되지 않을까 하는 우려에서 나온 고민이었습니다.

물론 한 업계에서 오래도록 커리어를 쌓아야 전문가가 된다고 생각하기 쉽죠. 하지만 커리어라는 단어를 그리 좁게만 생각해서 자신을 가둘 필요는 없다고도 생각합니다. 제게 조언을 해주었던 선배의 말처럼 일을 잘하는 사람은 어떤 일을 했느냐에 구애받지 않고, 무엇을 하더라도 두각을 나타내니까요.

또 커머스, 콘텐츠, 광고 업계를 밟으며 다양하게 일해 온 경험에 비추어 감히 말하자면, 지난 커리어는 새로운 커리어로 인해 덮여 사라지는 것이 아니라 새로운 커리어와 함께 시너지를 낼 수 있는 기대감을 형성합니다.

가까운 지인의 이야기를 들려드릴게요.

그녀는 오랜 기간 게임업계에서 프로젝트 전체를 총괄하는 PM^{project manager} 역할을 하다가 서비스 기획 업무로 전향한 케이스입니다. 그녀는 본인의 커리어 중 큰 부분을 차지하는 게임업계 경력을 걸림돌로 생각했습니다. 게임업계에서 일한 경력만 길다 보니 서비스 기획자로서 이직할 때 마이너스 요소가 된다고 생각했죠.

그런데 웬걸, 막상 이직 시장에 몸을 던지고 나니 오퍼가 물밀듯이 들어왔습니다. 바로 메타버스 시장에서 말입니다. 메타버스 시장에서는 게임업계 경력이 있으면서도 서비스 기획도 할 줄 아는 그녀의 경력이 매력적으로 다가왔던 것이죠. 그녀는 게임업계의 경력도 인정을 받으면서도 원하는 서비스 기획 업무를 담당하게 되었습니다.

커리어 패스는 여러분의 선택을 옥죄이는 좁은 길이 아니라, 다양하게 꾸며나갈 수 있는 길이라는 것을 말하고 싶습니다. 하고 싶은 일의 선택을 망설이지 않길 바랍니다.

Q. '커리어 패스'라는 단어에 갇혀 이직을 너무 좁게 생각하고
   있지는 않나요?

Q. 동종 업계의 경력만 고집하느라 하고 싶은 일과 해야 할 일을
   구분하고 있지는 않나요?

PART 5

면접,
어려운 언덕

첫 직장 인턴 면접을 봤을 때도 딱 이맘때, 4학년 2학기 겨울방학이 끝나가는 겨울이었다. 편안한 복장을 입고 오면 된다는 공지 글에도 의심을 거둘 수 없어 검정 코트 안에 새로 산 정장을 입고 갔다. 누가 봐도 긴장한 표정을 한 아름 안고 역삼역 출구를 걸어 나왔다.

그리고 10년이 지난 지금의 겨울, 네 번째 회사의 면접을 집에서 화상으로 보고 있다. 상의는 니트. 하의는 파자마. 그야말로 편안한 복장이다. 네 번째 회사라니, 비대면 면접이라니, 아니 그보다 내가 10년 차라니, 이 회사를 꼭 가고 싶은데 잘 모르는 부분을 질문받으면 어쩌지, 같은 온갖 생각이 들었지만, 떨리지 않은 척 밝게 자기소개를 했다.

지난 과거의 이력을 보면 운이 좋게도 지원한 회사의 면접은 모두 통과했다. 혹자는 면접에 강한 타입이라고 말했고 실제로 IT 대기업으로 입사할 때 한 면접관에게는 면접을 너무 잘 봐서 의심스럽다는 말까지 듣기도 했다. 그렇다 하더라도 면접이란 익숙해지려 해도 좀처럼 익숙해질 수 없는 불편하기 짝이 없는 존재임은 확실하다. 면접을 보고 나오면 늘 온몸에 진이 빠져 '내가, 면접 다시 보기 싫어서라도 이 회사에 붙으면 진짜 오래 다닌다.'라는 다짐을 매번 했으니 말이다. 하지만 그때의 다짐을 또 망각한 채 4번째, 살이 떨리는 면접을 마주했다.

면접관이 궁금해하는 세 가지

"당신은 지금 텐트 안에 있다. 저 멀리 사자 두 마리가 달려오고
있다면?"

   한때 구글 면접 문제라며 인터넷을 떠돌던 질문이다. 실제 구
글의 면접 질문인지 그 진위는 전혀 알 수 없지만, 댓글에는 진지
한 고민 끝에 쓴 기막힌 답변이나, 무릎을 '탁' 치게 만드는 재기발
랄한 답변이 보이기도 한다. 만약 내가 면접에서 이런 질문을 받으
면 어쩌지 하는 걱정이 들 수도 있지만 안심해도 좋다. 실제 우리
가 보는 이직 면접에서는 이런 뜬금없는 질문을 만나기란 힘든 일
이다. 오히려 면접관이 궁금한 것은 딱 세 가지이기 때문이다.

1. 저 사람이 그동안 축적해온 경험을 앞으로 맡길 일에 접목
   할 수 있는가?
2. 어떤 업무를 주더라도 이해할만한 머리가 있는가?
3. 같이 일하고 싶은 동료인가?

우리는 이직을 준비할 때 간혹 서류지원을 하기도 전에 주눅이
들곤 한다. '내가 했던 업무와 지원 자격이 완전히 일치하지는 않
은데….'하는 생각에 말이다. 하지만 반대로 면접관 역시 팀에서
나갔던 사람이 다시 돌아오지 않는 이상 완벽하게 1에서 100까지
경력이 딱 맞아떨어지는 사람이 면접을 볼 거라고 기대하지 않는
다. 그저 유사 경험이 있어 앞으로 맡길 일을 빠르게 이해하고 업
무에 잘 적응할 바탕이 있는 인재가 면접을 보러 왔으면 하는 바람
뿐이다. 그리고 무엇보다 팀원과 원활하게 소통하며 어울릴 수 있
는, 같이 일하고 싶은 동료인지를 파악하고 싶은 마음이다. 면접관
은 오직 이 세 가지를 파악하기 위해서 우리에게 모든 질문을 던지
고 답변을 듣고 합격 여부를 가늠한다.

1. 예상 질문 선정하기

그렇다면 면접관은 어떤 질문을 던질까? 예상되는 그 질문들을 준비하는 것이 첫 번째 할 일이다.

많지 않은 경험이지만 4번의 면접을 통해 느낀 점은, 준비한 예상 질문이 실제 면접 질문의 90%에 달한다는 것이다. 그 이유는 예상 질문을 잘 뽑았다기보다, 면접에서 우리가 상상치도 못했던 '사자가 달려온다'와 같은 질문은 나오지 않기 때문이다. 실무에 대해 얼마나 알고 있는지, 이력서에 적어 낸 업무들을 실제로 잘 이해하고 수행한 것인지, 우리 팀이 무슨 업무를 하는지 충분히 이해하고 지원한 것인지, 주변 동료들과의 협업은 잘 이뤄내는 사람인지, 면접관의 입장에서 궁금할 실무와 인성 측면에서의 질문들을 나열하다 보면 실제 면접 질문과 유사해지기 마련이다.

Q. 지원한 직무에 관련된 것 위주로 자기소개해 주세요

Q. 전 회사를 퇴사하는 이유는 무엇이고, 본 회사를 지원하게 된 동기는 무엇인가요?

Q. 본인의 업무적 장단점이 뭐라고 생각하나요?

Q. 가장 협업하기 힘들어하는 동료나 상사는 어떤 타입인가요?

Q. OOO님이 왜 OOO님을 왜 추천한 것 같나요?

Q. 지원한 직무와 완전히 일치하는 경력은 아니네요?

Q. 현재 우리 서비스 또는 회사의 보완해야 할 점이 뭐라고 생각하나요?

Q. 이전 직장에서 배운 점이 뭐라고 생각하세요?

Q. 가장 힘들었던 프로젝트와 그 이유가 무엇인지 말해주세요

Q. 지금까지 했던 프로젝트 중 가장 본인의 기여가 높고, 성과가 좋았던 프로젝트 하나만 뽑자면?

2. 지난 이력 돌아보기

예상 질문을 몇 가지 뽑았다면, 그다음 할 일은 내 지난 이력을 꼼꼼하게 들여다보는 것이다. 내가 했던 일이라도 시간이 지나면 기억이 가물가물해지기 마련인데, 그때의 기억을 더듬고 자료를 찾아내 모든 프로젝트나 업무의 기억을 되살리는 것이 중요하다. 그 업무의 목적은 무엇이었는지, 내가 했던 일은 무엇이었는지, 과정은 어땠는지, 결과는 어땠는지, 지표가 있다면 지표는 어땠는지,

해당 업무를 통해 내가 배운 점은 무엇이었는지까지 말이다.

면접관은 내 지난 업무들 사이에서 어떻게든 앞으로 맡길 업무와의 유사점을 찾아내려 노력할 것이다. 그때 '그건 너무 오래된 일이라 기억이 잘 나진 않지만….'이라는 대답을 하는 일이 없도록 해야 한다.

3. 지난 프로젝트, 업무의 콘셉트 정하기

그렇게 지금까지 진행했던 모든 프로젝트를 돌아봤다면, 그다음 할 일은 프로젝트나 업무에 콘셉트를 붙이는 일이다. 면접을 볼 때 모든 업무에 대해 줄줄이 들을 수 없으니 면접관은 주로 가장 성과가 좋았던 프로젝트나 가장 힘이 들었던 업무처럼 면접자를 잘 파악할 수 있는 업무를 듣길 바랄 것이다. 그때 면접 자리에 앉아 '아… 잠시만요….'하고 프로젝트를 떠올리며 하나를 뽑아내는 것이 아니라 미리 답을 꺼낼 수 있도록 프로젝트마다 콘셉트를 정하는 것이 좋다.

#가장 어려웠던 #가장 협업이 많았던 #가장 성과가 좋았던
#가장 성과가 아쉬웠던 #나의 기여도가 가장 많았던
#터닝포인트가 되었던 #지원하는 업무와 가장 유사한

4. 예상 질문에 답변을 적어보기

모든 이력을 꼼꼼히 점검해냈다면 이제 1번에서 언급했던 예상 질문에 대해 답변을 적어보는 시간을 가진다. 미리 적어봄으로써 어디서 생각이 막히는지, 나에게 어떤 자료가 더 필요한지를 알수 있다. 그리고 예상 답변을 여러 차례 빈틈없이 읽어본 뒤 전부 외우려 애쓰지 말고 키워드만 표시해서 외워둔다. 모든 질문의 답변을 문장으로 외우려고 했다가는 자칫 머릿속이 하얘져 대답이 꼬일 가능성이 높기 때문에 예상 질문에 대한 답변의 키워드를 또렷이 외워두고 키워드 간에 연결을 짓는 방식을 취하는 것이 실수할 확률을 줄여준다.

Q. 지원한 직무에 관련된 것 위주로 자기소개 해주세요

말문을 트기 위한 당연한 질문이다. 그간 진행했던 업무를 시간 순으로 간략하게 정리하거나 프로젝트가 많은 경우 과감하게 생략하고 관련된 업무 위주로만 소개하면 좋다. 경력을 소개하며 지금까지는 이런 업무를 했었기 때문에 앞으로는 이런 업무를 하고 싶어 지원하게 되었다는 지원 동기를 자연스럽게 말미에 녹이는 방법도 좋다.

면접관이 가장 먼저 하는 질문은 자기소개다. 면접의 시작이기 때문에, 자기소개만큼은 예상 답변을 미리 적은 뒤, 툭 치면 나올 정도로 달달 외워두자. 매끄러운 자기소개는 매끄러운 면접으로

이어질 수 있다.

Q. 전 회사를 퇴사하는 이유는 무엇이고, 본 회사를 지원하게 된
동기는 무엇인가요?

역시 어디서나 나올 수 있는 질문이다. 면접관 입장에서는 회사를 별 이유 없이 무턱대고 선정한 게 아니라는 정당한 이유를 요청하는 것이다. 면접자에게는 참 껄끄러운 질문이다. 연봉을 올리려고, 이전 회사의 근무 여건이 좋지 않아서, 지인이 추천해서 등 면접에서 꺼내기 어려운 이유가 존재하기 때문이다.

게다가 기존 회사를 퇴사할만한 아주 정당한 불만 사유가 있더라도 면접관은 사측 입장에 가깝기때문에 면접자의 이야기가 부정적으로 들리기 쉬워 말을 가려 해야 하는 질문이다. 이런 질문에 답하는 좋은 방법은 이전 회사에 대한 불만에 초점을 맞추기보다 현재의 커리어와 미래의 커리어를 엮으며 나를 소개하는 것이다. 기존에는 어떤 일을 했는지, 그리고 앞으로 어떤 일을 하는 어떤 직장인이 되고 싶다고 생각하는지, 그래서 그걸 이루기 위해 귀사에 지원한 것이라는 흐름으로 자신의 커리어를 다시 한번 정리하고 앞으로의 포부를 내세우는 답변으로 대체할 수 있겠다.

Q. 본인의 장단점이 뭐라고 생각하나요?

앞에 앉아있을 면접관은 지원자가 면접관 본인뿐만 아니라 팀원들과 잘 협업하고 어울릴지 굉장히 궁금하다. 그걸 직접적으로 물어보지 않고 둘러 질문하는 방법이 여럿 있는데, 장단점 역시 그 중 하나가 될 수 있다.

이러한 면접관의 의도를 다시금 생각해보자면 "제 생각에는요."라는 자기주장이나 주관적인 평가보다는 주변의 평가를 궁금해하고 듣고 싶어 할 것이다. 그 때문에 장점을 말할 때도 간단한 프로젝트나 업무를 예시로 들거나 연말평가 혹은 동료평가를 예시로 들어 "동료평가에서 한해도 빠짐없이 매년 듣는 표현은 원활한, 우호적인 커뮤니케이션 스킬입니다. 그 예로 한 프로젝트를 할 때…" 와 같이 대답을 시작하면 신뢰도 높은 대답이 될 수 있다.

단점 말하는 방법 중 가장 보편적인 대답은 단점인 듯 말하지만 '어떻게 보면 사실은 장점'이라는 애매한 대답이다. 간혹 말장난으로 보일 수 있다는 위험이 있다. 나의 경우, "성격이 급해 작은 세부적인 부분을 놓치고 제출하거나, 넘겨버리는 일이 종종 있었다."는 실질적인 단점을 말하되 "지금은 이 단점을 스스로 충분히 인지하고 있다. 인지한 후로는 늘 주의를 기울이고 있다."라는 말을 덧붙였다.

Q. 가장 협업하기 힘들어하는 동료나 상사는 어떤 타입인가요?

이 질문 역시 면접관 본인이나 동료들과 잘 어울릴 수 있는 사람인지를 가늠하기 위한 질문 중 하나인데 질문 그대로 '어떤 사람'으로 답한다면 다소 사람을 평가하는 것처럼 느껴질 수가 있어 조심해야 한다. 좋은 방법은 가장 어려웠거나 힘들었던 프로젝트나 업무를 예로 들고, 일을 하면서 발생할 수 있는 갈등의 이야기로 대답하는 방법이다. 예컨대 "저는 말을 거칠게 하는 사람과는 잘 안 맞는 것 같습니다."라는 대답보다는 "제가 이러이러한 프로젝트를 맡을 때 이러한 이유로 갈등이 빚어지면서 말이 거칠게 오가는 일도 있었는데 그럴 때가 힘들었던 것 같습니다."라고 사람이 아닌 상황으로 답변을 한다면 자연스럽게 지난 프로젝트 이력을 전하면서도 질문에 맞는 현명한 대답을 할 수 있다.

Q. OOO님이 왜 OOO님을 왜 추천한 것 같나요?

만약 누군가의 추천을 통해 이직하게 되었다면 충분히 물어볼 수 있는 질문이다. 이때 쑥스러워하거나 "좋게 봐주신 것 같습니다." 등의 대답을 하며 겸손함을 보여주는 시간이 아니라는 걸 알아야 한다.

이 질문은 제3자의 일인 양 내 경력을 어필하기 아주 좋은 질문이기 때문이다. 지난 팀에서 나는 특히 이런 업무를 도맡았고, 지원한 팀에서는 이런 인재를 찾고 있는 것 알고 있다. 그래서 내 경력과 지원한 부서의 업무가 잘 매칭될 수 있으리라 판단하여 추천 해주신 것 같다. 라고 말이다.

Q. 지원한 직무와 완전히 일치하는 경력은 아니네요?

우리가 지원할 모든 이직 부서와 나의 경력이 백 프로 매칭될 확률은 극히 드물다. 면접관도 그걸 알고 서류면접을 통과시켰다. 그러니 그런 질문을 했다고 해서 날 공격한다, 날 못마땅해한다고 생각할 필요 없다. 면접관의 질문 의도는 오히려 '지원한 직무와 완전히 일치하는 경력은 아니네? 하지만 어떤 업무를 주더라도 이해할만한 머리를 가지고 있나?'에 가깝다.

그저, 맞다. 완벽하게 일치하지는 않는다. 라고 외쳐주면 된다. 그리곤 지난 경력들에서 어떤 유사점을 찾을 수 있는지와 지원한 부서에서 할 일을 얼마나 잘 이해하고 있는지를 당당히 밝히면 된다.

1. 마음의 기술

결론부터 말하자면, 면접관도 함께 일하고 싶은 사람을 뽑으려는 의도를 갖고 있다. 함께 일하고 싶은 사람이란, 업무적으로도 충분히 도움이 될 수 있는 이력을 가진 사람을 의미하기도 하지만 나와 동료로서 하루 8시간 동안 매일 얼굴을 마주치며 커뮤니케이션해야 할 파트너를 뽑는다는 의미이기도 하다. 만약 내가 경직된 얼굴로 말을 더듬거리며 긴장된 공기를 뿜어낸다면? 면접관도 그 공기를 같이 마시며 함께 긴장하게 될 수밖에 없다. 반대로 여유로운 표정과 분위기로 밝게 말을 전한다면 면접관도 자연스럽게 호감을 느끼며 지켜보게 된다.

그러기 위해 면접 전에 자기 최면이 필요하다. 이건 면접이 아니라 유관부서 미팅이라고, 나는 오늘 평가받는 게 아니라 그들과

대화를 하는 것뿐이라고.

하지만 우리는 아무리 최면을 걸어도 심장이 두근거리고, 아무리 준비를 많이 해도 가장 어려운 일이라는 것을 잘 안다. 그러나 위에서 말한 모든 것을 준비한들 실제 면접을 잘 보지 못한다면 말짱 '도루묵'이기 때문에 매번 자기 최면을 걸어야 한다.

이건 유관부서 미팅이다… 이건 유관부서 미팅이다…!

결국 면접을 망치지 않는 방법은 철저한 면접 준비가 50%, 그리고 나머지 50%가 마음가짐이다.

2. 예시의 기술

"그렇습니다.", "아닙니다." 가 면접에서 가장 좋지 않은 답변이다. 단답형의 대답들. 면접관은 우리와 스피드 게임을 할 마음이 없다. 그저 운을 띄우는 질문을 던지고 면접자가 대답하는 과정에서 면접자가 무엇을 했던 사람인지를 파악하고 싶을 뿐이다. 하지만 단답형의 답변은 면접관이 계속해서 질문하게 만든다. 단답형일수록 그 질문은 점점 예리해질 수밖에 없다. 결국은 면접자에게도 안 좋은 결과를 가져오는 것이다.

면접관에게 정답을 빨리 말하는 게 좋은 점수를 얻는 게 아니라 내가 어떤 일을 한 사람인가를 최대한 많이 보여주자. 모든 질문에 예시를 곁들이면 좋다. 면접을 준비하면서 프로젝트마다 콘셉트를 정했던 것을 기억해서 "이전 회사에서 무엇을 배웠다고 생각하시나요?"라는 질문에 "보고서 작성 방법을 배웠습니다."로 대답하기보다 "네, 특히 보고서 작성 방법을 많이 배웠습니다. 지난 회사에서 매주 실적 보고를 도맡았습니다."라고 지난 업무 내용을 덧붙여 대답하는 편이 면접관의 의도에 부합하는 대답이 될 수 있겠다.

3. 공감의 기술

우리는 처음 만난 상대에게 공감대가 형성될 때 쉽게 호감을 느낀다. 면접관도 마찬가지다. 면접관도 면접자와 같은 직장인이라는 사실을 잊어선 안 된다. 그들도 월요일 아침이면 터덜터덜 회사로 걸어오며 금요일 7시엔 신이 나서 퇴근을 한다. 그리고 일 때문에 스트레스받아 사무실에서 소리 없는 비명을 질러보기도 하고, 어느 날은 보람찬 일을 마치고 입꼬리가 올라가는 경험을 해보기도 하는, 다 똑같은 직장인이다. 이런 점을 기억해서 면접 중에 자연스럽게 서로의 공감을 살 수 있는 내용을 섞는다면 쉽게 호감을 얻을 수 있다. "가장 어려웠던 경험은 아무래도 마감이 급박하게 정해진 프로젝트를 진행할 때였던 것 같습니다. 저보다 선배님들이시기 때문에 훨씬 많은 경험으로 잘 아시겠지만, 저의 경우 작년의 OO 프로젝트를 할 때…."

4. 답변의 기술

영화《주토피아》중반부, 주인공 주디가 기자회견을 앞두고 떨리는 마음으로 대기를 하고 있을 때 또 다른 주인공 닉이 알려주는 면접의 기술이 있다.

"그들의 질문에 대해 다시 질문을 하고, 그 질문에 대답해."

즉, 면접관이 대답하기 곤란하거나 내가 준비한 예상 질문보다 범위가 넓거나 좁은 질문을 했다면, 내가 질문을 바꾸어 대답하는 것이다.

"회사에서 상대하기 힘들었던 상사나 동료 있었어요?"

"음… 힘들었던 '어떤 사람'이라기보다 회사 안에서 관계로 인해 언제가 가장 곤란했냐고 물으신다면 지난 OO 프로젝트가 가장 협업에 있어 힘든 경험이었는데요. 그때…."

면접관 질문의 의도를 벗어나지 않는 범위 내에서 다시 한번 내가 답변하기 편한 방향으로 질문을 던지고 답변을 한다면, 면접관은 원하는 답변도 얻으면서, 지원자를 말의 의도를 파악해 대답할 줄 아는 노련한 커뮤니케이션 능력자로 볼 것이다.

글을 쓰면서 곰곰이 궁리해보게 됩니다. 좋은 직장인이란 과연 어떤 존재일까? 손에 잡히지도 않는 무서운 존재만은 아니라는 생각이 듭니다. 하지만 그 모습을 잘 정의해놓지 않으면 알 수 없는 이상향을 아등바등 쫓게 되는 거죠. 좋은 직장인이라고 할 때, 꼭 눈에 띄는 결과물을 만들어내는 업무 능력만을 가리키는 것 같지는 않습니다. 직장을 다니면 다닐수록 결국 모든 일은 사람과 사람이 하는 것이라는 깨달음을 얻게 되니까요.

참으로 고맙게도 주변에 좋은 직장인이 많았습니다. 배울 점이 많은 리더와 동료를 많이 만났습니다. 그들을 떠올렸을 때 기분이 좋아지는 이유는 그들이 해낸 프로젝트의 성과보다는 그들이 어떤 마음으로 업무를 대하는지, 얼마나 상대를 배려하면서 커뮤니케이션하는지, 상대방의 시간을 절약해주기 위해 어떤 부분을 고민하며 업무를 깔끔하게 해냈는지를 알기 때문입니다. 그러니 일이 막힘없이, 그리고 높은 완성도로 진행되는 것은 당연한 일이겠지요. 결국, 좋은 직장인이란 좋은 협업을 할 수 있는 사람이 아닐까요.

직장을 하나의 책으로 담아내기엔 우리의 직장은 너무나도 많고 다양한 이야기가 만들어지는 곳입니다. 하지만 사회초년생 혹은 직장인으로서 1인의 몫을 하기 위해 분투하는 여러분들의 어지러운 마음을 달래기도 하고, 사람과 일에 대한 고민도 함께하고, 그리고 언제나 새로운 시작이 있을 수 있다는 메시지를 전하고 싶었습니다.

저 역시 한 직장의 직장인인지라 글을 쓰는 와중에도 회사에서 겪는 다양한 일로 인해 어느 날은 여러분과 공감할 수 있는 글을 쓰기도 했지만, 또 다른 어느 날엔 나 자신을 위로하는 글을 쓰기도 했습니다.

혹자는 직장이라는 곳에 큰 의미를 두지 말라고 하지만 내 하루의 절반을 떡하니 차지하고 있으니 그럴 수도 없는 노릇이죠. 피할 순 없으니, 즐기지는 못해도 더 잘 쓰일 수 있도록 노력하고자 하는 마음을 가진다면 1인의 몫으로 충분하지 않을까 싶습니다.

이 책을 읽어주시고 함께 공감해주신 모든 분께 감사와 응원을 전합니다.

epilogue

직장인 1인의 몫

초판 1쇄 인쇄 2022년 2월 21일
초판 1쇄 발행 2022년 2월 28일

지은이 김마라
펴낸이 권기대

총괄이사 배혜진
편집팀 은지홍
디자인팀 김창민
마케팅 이인규, 김지윤, 조민재
경영지원 김태현

펴낸곳 ㈜베가북스 **출판등록** 2021년 6월 18일 제2021-000108호
주소 (07261) 서울특별시 영등포구 양산로17길 12, 후민타워 6~7층 주식회사 베가북스
주문·문의 전화 (02)322-7241 팩스 (02)322-7242

ISBN 979-11-976735-0-4 (13190)

* 책값은 뒤표지에 있습니다.
* 잘못된 책은 구입하신 서점에서 바꾸어 드립니다.
* 좋은 책을 만드는 것은 바로 독자 여러분입니다.
  (주)베가북스는 독자 의견에 항상 귀를 기울입니다. (주)베가북스의 문은 항상 열려 있습니다.
  원고 투고 또는 문의사항은 vega7241@naver.com으로 보내주시기 바랍니다.
* (주)베가북스에 관하여 더 많은 정보가 필요하신 분은 홈페이지를 방문해주시기 바랍니다.

vegabooks@naver.com www.vegabooks.co.kr
 http://blog.naver.com/vegabooks   vegabooks VegaBooksCo